ESSAIS

DE

CRITIQUE JURIDIQUE

PAR

Louis ARNAULT,

AGRÉGÉ A LA FACULTÉ DE DROIT DE TOULOUSE,
MEMBRE DE L'ACADÉMIE DE LÉGISLATION.

Premier fascicule.

TOULOUSE
IMPRIMERIE DE BONNAL ET GIBRAC
RUE SAINT-ROME, 44.

1870

Si j'ai fait réimprimer les quatre petits discours ou articles qui suivent, c'est pour les envoyer en souvenir aux collègues de tout ordre, et aux amis desquels je reçois chaque jour de véritables livres, ou d'importantes brochures. J'ai entendu dire par une femme du plus haut mérite que recevoir est plus difficile que donner, et meilleur pour qui a su vaincre la difficulté première. J'ai beaucoup reçu. Qu'il me soit permis d'offrir aujourd'hui ! Aussi bien j'offre si peu que, pour cette fois, recevoir sera chose fort aisée !

Louis Arnault.

Toulouse, le 15 juin 1870.

Extrait du Recueil de l'ACADÉMIE DE LÉGISLATION.

MÉMOIRE

SUR LA

RÉPRESSION PÉNALE DES FAUTES DE L'ENFANCE

A PROPOS D'UN DISCOURS DE RENTRÉE

PRONONCÉ PAR

M. STAINVILLE, AVOCAT GÉNÉRAL A LA COUR DE NANCY.

MESSIEURS,

L'enfance a, de tout temps, eu ce privilége d'inspirer le plus vif intérêt aux hommes de tout âge, qu'ils soient pères, qu'ils aient espoir de le devenir, qu'ils aient cessé de l'être! C'est qu'elle touche aux fibres les plus intimes de notre nature; elle nous étonne, comme un mystérieux problème, par l'éclosion et le développement de l'intelligence; elle nous charme en nous rappelant le passé, qui est toujours cher, en nous montrant l'avenir, qui est toujours beau. Nous aimons à la saluer « pleine de grâce, » et, lorsque l'enfant fait, chaque jour, place à l'adolescent, nous nous associons à cette belle pensée de Vauvenargues : « Les premiers jours

» du printemps ont moins de grâce que la vertu naissante » d'un jeune homme (1) ».

Mais, d'autre part, notre esprit se révolte et notre cœur se resserre à la pensée de l'enfance vicieuse et criminelle ; nous hésitons à croire qu'elle puisse avoir la notion précoce de l'intérêt, et ressentir l'étreinte des passions, qui font les crimes. Et cependant, à cet égard encore, ce proverbe : qu'il n'y a plus d'enfants, se vérifie chaque jour, et a été vrai de tout temps, en dépit de la formule. Les Romains avaient dû reconnaître qu'à un certain âge l'impubère lui-même peut être capable de dol, habile au mal : *malitia supplet ætatem.* L'Église fixe à sept ans l'âge de raison ! Et, comme aujourd'hui, plus que jamais, les esprits sérieux aiment à s'occuper de l'amélioration morale des coupables, M. l'avocat-général Stainville a été bien inspiré, en faisant de *la répression pénale des fautes de l'enfance* le sujet d'un discours de rentrée prononcé le 3 novembre dernier devant la Cour impériale de Nancy.

I.

Le législateur de 1810 a fixé, vous le savez, la majorité pénale à seize ans ; et, en effet, les préceptes de la loi criminelle sont plus faciles à connaître et à respecter que ceux de la loi civile ; il y suffit de la vulgaire notion du bien et du mal. Mais, au-dessous de seize ans, s'il n'est pas certain que le mineur a manqué de discernement, c'est tout au moins probable ; dès lors, le juge devra se prononcer spécialement sur cette question ; et, même s'il y a discernement et responsabilité, l'âge est une cause légitime d'excuse, et diverses immunités lui sont encore dues. Fallait-il aller plus loin, et fixer, comme l'ont demandé Rossi

(1) *Réflexions et Maximes*, CCCCI.

et MM. Chauveau et Faustin-Hélie, une limite d'âge au-dessous de laquelle l'enfant ne pourrait pas être poursuivi? M. l'avocat-général ne le pense pas, il préfère le silence de notre Code et s'exprime ainsi : « Il faut reconnaître » d'abord que la portée du grief est bien plus théorique » que pratique ; car, si les auteurs qui l'articulent ont pu » citer un ou deux exemples de poursuites intempestives » exercées contre des enfants de moins de dix ans, ils sont » convenus en même temps que de semblables exceptions » sont infiniment rares. Mais, laissons de côté cette fin de » non-recevoir pour aller au cœur même de la question. »

« N'avons-nous pas occasion de constater, chaque jour, » dans les grandes villes surtout et dans les centres industriels, les progrès inquiétants de la démoralisation de » l'enfance au milieu des classes pauvres? Les rues et les » places publiques ne sont-elles pas de plus en plus encombrées de ces légions de jeunes vagabonds que la » gratuité de l'enseignement primaire est impuissante à » discipliner, et qui fuient la contrainte de l'asile ou de » l'école pour vivre au gré du hasard et suivre librement » l'impulsion de leurs mauvais instincts? — S'ils étaient » orphelins, la charité publique les appellerait à elle en » leur ouvrant ses refuges hospitaliers ; mais la bienfaisance ne peut rien contre l'existence nomade qui les séduit, car ils ont encore leurs parents, ou tout au moins » un père ou une mère, à la coupable indolence desquels » personne ne saurait les soustraire. Ces malheureux enfants, constamment livrés à eux-mêmes et à leurs habitudes vicieuses, deviennent le tourment et le fléau de » leur voisinage ; esclaves de toutes leurs fantaisies et » d'une précoce perversité qui grandit avec eux, ils s'adonnent fatalement au libertinage, à la rapine et à la » mendicité. — S'ils commettent des vols, s'ils outragent » publiquement la morale, s'ils compromettent la tran-

» quillité et la sécurité des personnes; si, comme cela » arrive trop souvent, par méchanceté ou par imprudence, » ils allument l'incendie sous leurs pas, quel frein oppo- » sera-t-on à leurs méfaits?...

« Que la réforme législative que l'on réclame devienne » un fait accompli, et tout aussitôt il faudra se résigner à » souffrir en silence des nombreuses atteintes portées à » l'ordre public par les plus jeunes bandits de la rue, qui » seront d'autant plus entreprenants qu'ils se sentiront » inviolables, et munis d'un brevet légal d'impunité. »

« Une tutelle judiciaire, intelligente et ferme, aurait pu » les arrêter dans la voie du mal, les sauver de la conta- » gion de l'immoralité qui les envahit de plus en plus. » Qu'importe ! ils sont trop jeunes encore; au nom de la » philanthropie, n'y touchez pas!! — Dans un an, dans » deux seulement, la société aura le droit de s'occuper d'eux, » — non pas, remarquez-le bien, pour leur imprimer la » flétrissure d'une condamnation, — mais pour les écarter » d'un milieu corrupteur et les élever honnêtement..... » Jusque-là, qu'ils poursuivent librement leur triste ap- » prentissage de la vie des criminels!! — Est-ce pos- » sible?... Cela serait-il sensé? — La raison et la morale » ne sont-elles pas d'accord pour protester énergiquement » contre un pareil système? (1) ».

Ainsi la loi a concilié fort heureusement toutes choses, en permettant aux tribunaux, d'une part, de ne pas condamner l'enfant, d'autre part d'ordonner qu'il sera conduit dans une maison de correction pour y être élevé et détenu, peut-être jusqu'à sa vingtième année. La justice livre donc à l'administration deux catégories d'enfants : les uns coupables, et frappés d'une peine d'emprisonnement correctionnel, les autres retenus quoiqu'ayant agi sans discer-

(1) Discours de M. l'avocat-général Stainville, p. 17 à 21.

nement. Deux choses paraissent commandées : l'une, que les jeunes détenus ne seront jamais mêlés aux condamnés adultes; l'autre, que les coupables devront être aussi séparés matériellement de ceux qui ne le sont pas. Et j'entends par là que ces deux sortes d'enfants habiteront, non pas des quartiers distincts d'un même établissement, mais même des maisons différentes, situées en divers lieux. Cela paraît puéril, Messieurs, et cependant, à mon avis, c'est une question sérieuse, parce qu'en matière pénale, plus que partout ailleurs, nous devons compter avec l'opinion publique, avec ses ignorances, et même ses préjugés. Pourquoi s'est-on refusé jusqu'ici, en France, à faire dans une enceinte murée les exécutions capitales ? Pourquoi résister à cette mesure que réclamait, encore hier, M. Charles Lucas par voie de pétition au Sénat (1) ? A cause de l'opi-

(1) Séance du 28 décembre 1869. — Rapport de M. de Mentque. — Discussion, et adoption de l'ordre du jour. — A ce propos, qu'on veuille bien me permettre une digression qui m'est suggérée par l'exécution capitale accomplie ce matin à Paris devant la prison de la Roquette. (Cette lecture était faite à l'Académie, le mercredi 12 janvier 1870, et les dépêches du matin avaient annoncé l'exécution de Tropmann). Un écrivain, qui a beaucoup voyagé, se promène aujourd'hui avec les lecteurs de la *Revue des Deux-Mondes* à travers Paris, et il refait le tableau de Mercier avec toutes les ressources de la science et de la statistique dont l'écrivain du XVIIIe siècle était privé, et aussi, disons-le à l'honneur de notre temps, à l'abri des persécutions qui obligèrent, en 1781, son précurseur à se réfugier en Suisse pour achever en paix son ouvrage. La dernière étude de M. Maxime Du Camp est consacrée à la minutieuse description de tout l'attirail matériel de la peine de mort. Rien n'y manque, comme chacun de vous peut s'en assurer, et, pour terminer, il exprime à son tour le regret qu'en France, comme dans d'autres pays, notamment en Angleterre, les exécutions n'aient pas lieu à huis-clos devant une commission choisie pour être le témoin de ce lugubre spectacle. Cette manière de voir, il l'appuie sur cet argument que j'ai voulu placer sous vos yeux. L'opinion publique ne s'alarmera pas, comme on le craint : tout au contraire, elle ne pensera plus à la peine de mort, pas plus qu'elle ne pense à la transportation à Cayenne ou à la Nouvelle-Calédonie. S'il était vrai que l'exécution à huis-clos pût désintéresser l'opinion publique de la peine de mort, comme paraît le penser ce publiciste distingué, j'en serais l'adversaire le plus résolu. C'est déjà beaucoup trop que les travaux forcés aient momentanément, je l'espère, cessé d'être exemplaires. Où en serions-nous s'il en arrivait ainsi de la peine de mort ? Je suis de ceux qui

nion publique et de ses doutes, surtout dans des temps troublés, et pour certaines têtes!

Pourquoi l'homme qui n'est pas instruit confond-il, sous le même nom de *prisons*, les maisons d'arrêt, de justice et les maisons centrales, que nous savons distinguer? Parce que certaines peines d'emprisonnement sont subies dans les maisons d'arrêt ou de justice, et qu'alors on sait qu'elles ne renferment pas seulement des prévenus attendant leur jugement. Au contraire, jamais l'imagination populaire ne s'était méprise sur les bagnes, puisqu'il n'y avait jamais là que des condamnés. Est-il juste, Messieurs, qu'après le temps fixé par la justice, l'enfant condamné et l'enfant acquitté (ainsi s'exprime la loi) soient marqués de la même note à leur retour dans la société, parce qu'ils sont sortis du même lieu par la même porte?

Mais, je m'empresse de le dire, si nous n'en sommes

sont douloureusement frappés quand ils trouvent dans la statistique annuelle des motifs de crime comme celui-ci : Tel condamné a tué pour être envoyé à Cayenne !

Depuis cette publication (*Revue des Deux-Mondes*, janvier 1870), M. Maxime Du Camp est revenu sur la même question dans le *Journal des Débats*, du jeudi 27 janvier 1870. Je me hâte de dire qu'il ne reproduit pas son argument : il est vrai qu'il traite d'*objection puérile* les craintes tirées des susceptibilités de l'opinion publique. Puérile pour M. Maxime Du Camp, et ses lecteurs de la *Revue* et des *Débats*, assurément. Mais il faut compter, surtout en ces matières, avec les ignorants et les sots : et ils s'appellent légion. Du reste, rien ne nous paraît plus simple que de trouver une solution qui donne satisfaction à tous. Remplacer l'art. 26 du Code pénal par une disposition ainsi conçue : « L'exécution se fera sur une des places publiques, ou dans une enceinte fermée. L'arrêt de condamnation déterminera le mode de l'exécution. » Pourquoi, en effet, supprimer l'exécution publique dans un petit centre de population, dans un village, là où il n'y a pas de prison, et où les inconvénients de Paris et de ses ignobles orgies nocturnes ne se retrouvent pas? Pourquoi l'expiation ne s'accomplirait-elle plus aux lieux témoins du crime? Nous souhaiterions que la loi qui doit intervenir à ce sujet fût conçue en ce sens. Mais nous n'y comptons guère à vrai dire : on procédera, comme presque toujours en France, par soubresaut, et, pourquoi ne pas le dire, d'une façon révolutionnaire! A l'exécution *toujours* publique, on substituera l'exécution *toujours* non publique.

pas encore arrivés à cette séparation absolue, qui me paraît être le droit des enfants acquittés, combien il y a lieu de se féliciter des progrès accomplis à cet égard depuis quelques trente années! En 1828, M. Charles Lucas, qui n'a cessé et ne cesse de se consacrer à l'amélioration de notre système pénitentiaire, signalait la déplorable promiscuité des jeunes détenus de toute sorte avec les condamnés adultes. « Au lieu de travailler à leur régénéra- » tion, on les vouait à une corruption certaine et incurable » qui se manifestait, dès avant leur libération, par les » plus déplorables désordres (1). »

La question d'argent avait permis seulement d'affecter dans les maisons centrales des quartiers distincts aux jeunes détenus, « lorsqu'en 1837 et en 1839 la bienfaisance » privée vint en aide au gouvernement, et lui prouva que » le secret de la réussite résidait tout entier dans son pré- » cieux concours. A Bordeaux d'abord, à Marseille ensuite, » puis enfin à Mettray, grâce à la généreuse initiative de » MM. Dupuch, Fisciaux, Demetz et de Courteilles, on vit » s'élever trois colonies pénitentiaires, qui servirent pres- » que aussitôt de modèles à plusieurs autres.

» L'administration, stimulée et encouragée par ces » louables exemples, organisa à son tour les pénitenciers » agricoles de Fontevrault et de Clairvaux, dans lesquels » on obtint des résultats décisifs, qui démontrèrent l'uti- » lité de l'application sérieuse des jeunes détenus aux » travaux d'une exploitation rurale. A partir de ce » moment la route à suivre était toute tracée, et la loi du » 5 août 1850 n'eut plus, en quelque sorte, qu'à régler les » détails d'une organisation déjà éprouvée et ratifiée par » l'expérience (2). »

(1) Discours, p. 34.

(2) Discours, p. 36. Une colonie pénitentiaire avait été fondée par M. l'abbé Barthier tout près de Toulouse. Mais elle a cessé d'exister en 1867, sans doute

II.

D'après cette loi, l'éducation correctionnelle des jeunes détenus doit être *morale*, *religieuse* et *professionnelle*. Les colonies pénitentiaires reçoivent les détenus acquittés et les *condamnés de six mois à deux ans d'emprisonnement*. Au-dessous, ils sont retenus dans un quartier distinct des maisons d'arrêt et de justice; au-dessus, ils sont conduits et élevés dans des colonies *correctionnelles*, sises soit en France, soit en Algérie, où sont également placés les insubordonnés des colonies pénitentiaires (1).

Ainsi, séparation, en voie de se réaliser, des acquittés et des condamnés, éducation et application aux travaux agricoles, tels sont les points fondamentaux de cette loi de 1850, et on ne saurait trop y applaudir. On a pu faire, d'ailleurs, la comparaison de ce système avec l'ancien. Car Paris avait conservé des jeunes détenus à la Petite-Roquette avec l'emprisonnement cellulaire, et cet état de choses n'a cessé qu'en 1865, quinze ans après la nouvelle loi (2).

M. l'avocat-général aurait pu introduire ses auditeurs dans une colonie pénitentiaire pour en étudier de près la discipline et juger les moyens d'action. Aux portes de Nancy, en effet, à Gentilly, M. et Mme de Suzainne-

faute de ressources suffisantes. Aujourd'hui, les jeunes détenus de la Haute-Garonne sont versés dans deux colonies situées, si nous ne nous trompons, l'une dans le département de l'Ariége, l'autre dans celui de Lot-et-Garonne.

(1) Au 31 décembre 1868, on comptait 47 établissements d'éducation correctionnelle : 27 pour les garçons, 20 pour les filles : ces derniers, tous établissements privés, pour les garçons 4 publics, 25 privés. (*Journal officiel* du 31 mars 1870.)

(2) L'attention du gouvernement fut attirée sur ce point par des publications et par une conversation au Corps Législatif. L'Impératrice voulut visiter la Petite-Roquette. Une commission fut nommée, et l'abandon du système cellulaire appliqué aux jeunes détenus fut résolu à la suite d'un rapport de M. Mathieu, député au Corps Législatif. (*Moniteur* du 7 août 1865, p. 1104 et suiv.)

court ont fondé, il y a six ans, une colonie qui renfermait 323 détenus au 1er janvier 1868. Ceux qui pourraient soupçonner qu'une pensée de spéculation se mêle à cette œuvre de charité comme un impur alliage, ceux-là se tromperaient, du moins pour la colonie de Gentilly. Car elle n'a cessé d'exiger de grands sacrifices d'argent, et, tous les ans même, j'ai vu que ses fondateurs sollicitaient du public un secours, qui n'a jamais fait défaut. Du reste, M. l'avocat-général ne refuse pas son témoignage à ce jeune Etablissement, non plus qu'à celui de Naumoncel, fondé dans le même ressort : « Nous y aurions rencontré, dit-il, comme » à Mettray, des directeurs, pleins de zèle et de courage, » faisant avec succès, depuis plusieurs années, les plus » louables efforts pour rendre à nos départements d'hon- » nêtes ouvriers, en échange des êtres déshérités livrés » à leur tutelle. Après avoir ainsi constaté, au cœur » même de ces précieuses écoles d'épuration sociale, ce que » des instituteurs, dignes de toute notre estime, déploient » d'activité et de persévérance pour substituer à l'igno- » rance, au vice et à la paresse, le bienfait de l'instruction, » l'amour du devoir et l'habitude du travail, nous nous » serions sentis émus et nous aurions mieux compris que » jamais, devant ce consolant spectacle, toute l'efficacité de » l'enseignement correctionnel des colonies (1). »

Cette efficacité, ces bons effets se traduisent déjà par les chiffres. On voit que les récidives, qui étaient de 75 % dans le département de la Seine avant 1830, de 44 et même 50 % en 1831 et 1832, s'abaissent à 19 % dès 1835 sous l'influence de la séparation des enfants et des adultes. « Mais, à compter du jour où l'influence moralisatrice des » colonies agricoles apparaît et se développe, l'amende- » ment des enfants soumis à ce régime nouveau suit une

(1) Discours, p. 44 et 45.

» marche ascensionnelle qui se maintient et se traduit au-
» jourd'hui par des moyennes annuelles variant de 11
» à 6 % (1). »

(1) Discours, p. 47. Sur ce point si important des récidives, voici comment s'exprime le garde des sceaux dans le dernier rapport sur la statistique criminelle Le lecteur verra que les chiffres présentent ici plus d'une cause d'erreur en moins et en plus :

« Les investigations auxquelles a procédé mon administration ont amené les résultats suivants :

» Sur 100 garçons assujettis à plus d'un an de détention et sortis en 1866, 1867 et 1868 des établissements publics qui reçoivent les enfants les plus indisciplinés, 17 ont été traduits de nouveau devant la justice dans le cours de ces trois mêmes années. La proportion est de 11 % seulement en ce qui concerne les garçons sortis des établissements privés. Pour les filles, elle descend à 6 %.

» Dans un grand nombre d'établissements d'éducation correctionnelle, le mouvement d'entrée et de sortie est trop peu important pour que l'influence de la détention subie puisse être exactement appréciée ; mais, pour ceux qui ont un personnel assez considérable, on relève les chiffres ci-après :

GARÇONS.

Neuilly-en-Thelle.	31 %
Oswald.	17 %
Saint-Bernard.	16 %
Oullins.	15 %
Saint-Ilan, Citeaux et Le Luc.	14 %
Naumoncel.	13 %
Saint-Hilaire et Sainte-Foy.	12 %
Le Val-d'Yèvre.	11 %
Bordeaux, Le Pezet, et Vailhauquey.	10 %
Fongombault, Mettray, et La Loge ou Fontillet	9 %
Marseille, Nancy et Langonnet.	8 %

FILLES.

Mâcon.	15 %
Ribeauvillé.	13 %
Strasbourg.	10 %
Vaugirard.	9 %
Nazareth (Solitude de).	7 %
Vannes.	6 %
Angers.	5 %
Rouen.	4 %

» Il faut reconnaître que les chiffres proportionnels généraux sont au-dessous de la réalité, au moins en ce qui concerne les garçons. D'une part, des enfants détenus dans trois colonies pénitentiaires supprimées en 1866 et 1867, ont été

Pour mieux apprécier encore l'importance des questions abordées par M. Stainville, l'Académie me saura gré de placer sous ses yeux quelques chiffres relatifs au nombre des enfants détenus. Prenons une seule année, au hasard, l'année 1864 :

37 enfants, 26 garçons, 11 filles, dont 1 dans sa onzième année et 23 dans la quinzième et la seizième, ont été traduits devant les cours d'assises Les crimes reprochés étaient surtout celui d'incendie, 9, dont 3 commis par des domestiques mécontents ; 8 vols domestiques. — Rien de particulier n'est à dire sur les lieux d'origine : 4 de Maine-et-Loire, 3 de chacun des départements du Loiret, de l'Aube, de la Seine. Sur ce nombre, 12 acquittements purs et simples, 23 acquittements avec détention dans une maison de correction, 2 condamnations à plus d'un an d'emprisonnement.

Ces chiffres prouvent que le danger n'est pas dans les grands crimes, si peu nombreux pour une telle population. Ce sont les délits qui vont plus spécialement mériter notre attention. Ici, en y comprenant les prévenus de contraventions jugées par les tribunaux correctionnels, nous trou-

mis en liberté ou répartis dans quelques maisons d'adultes sans qu'il ait été possible de les suivre après leur sortie. Puis, 400 jeunes détenus environ se sont évadés dans le cours des trois années, et ne figurent pas sur les listes des libérés ; ceux d'entre eux qui ont comparu devant les tribunaux ne sont donc pas compris dans nos relevés.

» Il n'y a pas de distinction à faire dans le personnel de ces établissements entre les enfants reconnus coupables avec ou sans discernement. L'acquittement légal n'est, pour les derniers, qu'une formule de faveur qui leur sera profitable dans leur vie future, s'ils ne retombent pas dans le vice. Mais ceux qui n'ont pas su profiter de l'éducation correctionnelle ne peuvent, en cas de nouveau renvoi devant la justice, être classés ailleurs que parmi les récidivistes

» On voit donc qu'à divers points de vue, les indications de la statistique ne doivent être consultées qu'avec circonspection, lorsqu'il s'agit d'apprécier les effets de l'éducation correctionnelle sur la moralisation de l'enfant coupable. »

(*Journal officiel*, du jeudi 31 mars 1870. — *Rapport à l'Empereur sur la statistique criminelle*.

vons 5,028 enfants du sexe masculin, 866 du sexe féminin. — Remis aux parents, 1,164. — Acquittés, mais retenus, 1824, dont 168 pour moins d'un an. — 2,906 condamnés. — Donc, en tout, 4,730 remis à l'administration et aux colonies pénitentiaires pour une seule année. Ce nombre frappera l'Académie (1).

Si nous recherchons quels délits ont bien pu commettre tant d'enfants, nous trouvons en tête les vols simples, — 2,460 garçons, 486 filles, — la chasse en temps prohibé et sans permis, le vagabondage, la mendicité, les coups et blessures volontaires, l'outrage public à la pudeur. J'aurais voulu également rechercher l'origine de ces enfants : la statistique est muette sur ce point. Cependant, les ressorts les plus chargés sont ceux de Paris, Douai, Lyon, Amiens. Si nous rapprochons l'indice qu'on en peut tirer des infractions les plus fréquentes, nous pouvons conjecturer que, sauf les délits de chasse, qui sont quasi-indifférents au point de vue de la perversité morale, la plupart de ces infractions ont été commises par des enfants étrangers aux campagnes, et provenant des grandes villes ou des centres manufacturiers.

Ce n'est pas, Messieurs, que je veuille faire l'éloge de l'éducation que les enfants reçoivent de leurs parents dans nos campagnes. Si, du moins, je prends celles que je puis connaître (et c'est la vraie méthode : d'apporter son témoignage), je dois dire que cette éducation est nulle, et que l'homme vient là, comme les arbres, en plein vent. On ne saurait croire, sans l'avoir vu, à quel point les paysans gâtent leurs enfants. Ces hommes, si durs pour eux-mêmes,

(1) Voici les chiffres pour l'année 1868, et pour les délits communs seulement : 4,760 garçons, 948 filles prévenus. — 1,270 remis à leurs parents, 13 placés sous la surveillance de la haute police pour vagabondage (271, § 2, C. P). — 2,140 envoyés en correction pour un an et plus. — 2,285 condamnés. (*Journal officiel*, du jeudi 31 mars 1870. — Rapport à l'Empereur sur la statistique criminelle.)

qui meurent sans se faire soigner, sans se plaindre, après avoir réglé leurs affaires spirituelles et temporelles avec le prêtre et le notaire, — qui meurent en se jugeant indignes de conserver une vie qu'ils ne peuvent plus gagner, — ces hommes, par une trop grande obéissance à la loi de nature, sont de la plus insigne faiblesse pour leurs enfants. Ceux-ci sont, encore plus qu'à la ville, maîtres d'eux-mêmes et maîtres de la maison. Ils vivent fraternellement avec les animaux domestiques, font joujou de toutes les choses de la culture; et, à peine sont-ils plus hauts que le sillon, leur débile main saisit le manche de la charrue, et leur petite voix commande aux bœufs. Plus tard, sont-ils appelés au service par la loi de la conscription, ils écrivent, et leurs pères et mères se privent de tout pour ne pas envoyer une réponse sans la lester d'un peu d'argent : il ne faudrait pas que l'enfant souffrît!

De tout cela bien des maux surgissent sans doute ; l'école est trop souvent désertée, les progrès de l'instruction sont lents, la race y demeure réfractaire. Le peu qu'on apprend s'évapore bien vite, et ne tarde pas à être presque oublié. L'enfant est quelque peu maraudeur ; peut-être même trouverions-nous un ou deux petits bergers, loués chez des voisins, dans ceux qui ont incendié en 1864 la maison ou la grange de leur maître pour se venger de lui. Mais, d'autre part, on a le nécessaire. Les campagnes, autrefois si pauvres, sont riches aujourd'hui, et fort riches par comparaison. Elles exportaient des mendiants, elles en subissent aujourd'hui l'importation venue de la ville ou des bourgs voisins. Il faut tenir compte aussi de ce qu'un écrivain très-compétent, M. Audiganne, appelle « la moralité native des campagnes. » — « La vie des champs, dit-il, est de soi-même grave et sérieuse..... Elle engendre naturellement l'idée d'ordre, parce que tout s'y déroule, tout s'y produit selon la loi et la règle. L'impatience qui s'attache à la possession de la richesse, si répandue parmi nous, n'a que trop provoqué à l'oubli des lois sacrées de la probité. Dans les champs on contracte, sans y prendre garde, l'habitude d'attendre (1) » Les délits des enfants, vols, mendicité, vagabondage, doivent donc y être assez rares, et comme, en outre, la police judiciaire est singulièrement négligée, on a le droit de penser que les campagnes fournissent un faible contingent à cette trop nombreuse liste de près de cinq mille enfants pour une seule année.

Restent donc les villes.

Les jeunes détenus proviennent ici d'une double origine. « Les uns appartiennent, dit M. Stainville, à des parents » recommandables, pleins de bon vouloir et de tendresse, » qui n'ont eu d'autre tort que de n'avoir pas su équilibrer dans une juste mesure les devoirs de l'affection et » de la sévérité. » Nos anciens avaient des expressions plus énergiques et plus dures pour ces parents. Quintilien, et Rollin après lui, deux hommes qui s'entendaient en éducation, abondent sur ce sujet en paroles vives. — Il regarde, dit Rollin en parlant du rhéteur romain, l'aveugle indolence des pères et des mères à l'égard de leurs enfants, et leur négligence à conserver en eux le précieux trésor de la pudeur, comme la source de tous les désordres... Que ne dit-il point contre cette molle éducation à laquelle on donne le nom de bonté et de tendresse, et qui n'est propre qu'à énerver tout à la fois le corps et l'esprit! *Utinam liberorum nostrorum mores non ipsi perderemus!... mollis illa educatio, quam indulgentiam vocamus, nervos omnes et mentis et corporis frangit* (2).

Quoi qu'il en soit, nous sommes ici à la source des courtes détentions. « Pour ces enfants... — plutôt dévoyés

(1) Audiganne, *La Morale dans les campagnes*. — *Moniteur universel*, du 9 janvier 1870.

(2) Rollin. *Traité des Études*, t. I. p. 46.

» que pervertis, — qu'il ne s'agit nullement d'élever, mais » de restituer au plus vite à l'autorité paternelle après les » avoir corrigés par l'intimidation, les courtes détentions » sont évidemment suffisantes, et elles offrent des avan- » tages sur lesquels il serait superflu d'insister plus lon- » guement (1). »

Il en est d'autres, nous en avons déjà dit un mot, desquels nous ne saurions comment qualifier les parents, si le jurisconsulte Paul ne l'avait fait pour nous dans une de ces phrases, dont ces grands hommes de Rome ne nous ont pas laissé le secret : « Necare videtur, non tantum is qui partum » perfocat, sed et is qui abjicit, et qui alimonia denegat, » et is qui publicis locis misericordiæ causa exponit, quam » ipse non habet (2). »

Celui-là ne tue pas seulement son enfant qui l'étouffe, mais encore celui qui le rejette, qui lui refuse des aliments, et celui qui l'expose dans les lieux publics à une charité qu'il n'a pas lui-même. — Et, cependant, ce n'est peut-être pas assez dire ; ils sont pires qu'infanticides, ils exploitent les vices de l'enfant, et quelquefois ils en vivent !

Aussi, Messieurs, rien ne peut donner l'idée des indomptables natures et de la perversité de ces enfants. Ce sont eux qui rendent si difficile la tâche des colonies pénitentiaires, où sont spécialement redoutés les *petits parisiens*. Ce sont eux qui furent les auteurs du drame de l'île du Levant et de ce terrible incendie où plusieurs des leurs trouvèrent la mort ; ce sont eux qui eurent le triste courage de précipiter dans le fossé, où il se cassa la jambe, le brave gardien du Sémaphore arrivé pour porter secours. Ces jours derniers, encore, la *Guyenne* de Bordeaux (3) rapportait un incendie dans le pénitentier dirigé par M. l'abbé

(1) Discours. p. 23.
(2) L. 4. Dig. (25. 3). *De agnoscendis et alendis liberis.*
(3) Reproduite par la *Gazette du Languedoc*, du jeudi 20 décembre 1869

Buchon. Un jeune détenu aurait déjà avoué, et ses complices évadés auraient été repris. Que l'Académie me permette encore de lui faire connaître un autre fait. Dans une ville d'un ressort voisin, la maison d'arrêt reçoit, dans un quartier spécial, de jeunes détenus indisciplinés, sans doute avant de les envoyer dans les colonies correctionnelles. Il y a là des enfants qui, pour quelque faute commise, sont depuis huit jours, quinze jours, dans une cellule absolument démeublée, sans siéges, sans lit, sans jour, sans communication, recevant matin et soir la plus maigre pitance ; et on n'obtient rien de ces natures de fer ! On a pourtant essayé de la douceur, on sait bien quelle est sa puissance, et comme elle sait dissoudre les cœurs les plus durs ; on sait qu'elle est, avec la règle qui assouplit, le meilleur auxiliaire des personnes charitables qui ont entrepris la guérison de ces tristes plaies de l'enfance. Mais il y faut aussi, surtout pour ces derniers enfants, l'aide du temps, sans la collaboration duquel rien ne se fonde de durable.

« La discipline pénitentiaire, — dit M. Charles Lucas, — » qui consiste à déraciner de mauvaises habitudes et à en » inculquer de meilleures, ne peut avoir d'efficacité qu'avec » l'aide du temps. On a lieu de le remarquer surtout dans » les établissements de jeunes détenus, où la discipline » réformatrice échoue complètement dans les séjours à » court terme, tandis que, lorsqu'elle peut agir avec un » nombre d'années suffisamment prolongé, on obtient ces » remarquables résultats, qui sembleraient déjà avoir contribué d'une manière si sensible à ralentir le mouvement » de la criminalité parmi les jeunes pupilles de l'enseignement correctionnel (1) »

(1) Discours, p. 23.

III.

Mais, si prolongée que soit cette détention, la vingtième année arrive, l'enfant acquitté ou condamné vient prendre place dans la société, et nous savons que le plus grand nombre d'entre eux appartient à des familles indignes de ce nom. Il n'est pas bon que l'homme soit seul, Dieu lui-même l'a dit, et cette parole est vraie, surtout pour nos races du Midi qui s'accommodent mal de l'isolement physique et moral, et qui ont besoin de regards amis pour bien faire, et s'exalter dans les bonnes résolutions. Combien ce qui est vrai de tous l'est encore davantage des jeunes hommes qui nous occupent ! « Les maladies de l'âme sont, dit excellemment » M. Stainville, comme celles du corps, suivies d'une pé- » riode critique de convalescence. — Si, en sortant de » l'asile qui a abrité leur enfance, ces jeunes gens de dix- » huit ou vingt ans, sont brusquement livrés à eux-mêmes, » sans guide et sans soutien, n'ayant pour toute ressource » que le mince pécule amassé par leur travail, auront-ils » longtemps l'énergie morale suffisante pour échapper aux » périls de toutes sortes qui les entourent ? Leur origine » ne leur fermera-t-elle pas trop souvent l'entrée des chan- » tiers et des exploitations agricoles où ils auraient pu » mettre à profit les leçons qu'ils ont reçues ? N'est-il pas » à craindre, dès lors, que leurs plus fermes résolutions ne » s'ébranlent, que le découragement et le dépit ne s'em- » parent de leurs cœurs, et qu'ils ne retombent dans le » mal plus promptement qu'ils n'étaient remontés vers le » bien (1) ? »

De là, l'institution du patronage, institution qui n'est pas encore réglée ; car on n'a pas trouvé le point où doit

(1) Discours, p. 18.

finir l'initiative privée, et commencer l'action de l'État, si même celle-ci doit se faire sentir. Ces questions sont aujourd'hui soumises à l'examen d'une Commission, et on ne peut que s'associer à ce vœu de M. Stainville : « Que du » problème à l'étude ne sorte pas une institution de pa- » tronage exclusivement administrative. — Le mécanisme » de la hiérarchie officielle paraît peu propre, en effet, à » procurer aux jeunes libérés cette protection prudente et » discrète qui doit les soutenir loin de la colonie. Il serait » à craindre qu'il ne lui enlevât à la longue son efficacité, » en lui faisant prendre l'apparence et les allures d'une » sorte de *surveillance de la haute police !* (1). »

Il y a autre chose encore ; pas plus que la douceur, on ne décrète les bons soins, l'appui moral, les entretiens affectueux, tout ce que donne et qu'inspire la charité. « On remarque » avec raison, a dit Rollin après Sénèque, que rien n'est » plus capable d'inspirer des sentiments de vertu et de dé- » tourner du vice que la conversation des gens de bien, » parce qu'elle s'insinue peu à peu, et qu'elle pénètre jus- » qu'au cœur. Les entendre, les voir souvent, tient lieu de » préceptes. Leur présence seule, lors même qu'ils se tai- » sent, parle et instruit (2). »

Si ces pensées sont toujours vraies, — et qui en douterait ? — c'est au zèle et au bon vouloir des particuliers qu'il faut faire appel pour ces indispensables sociétés de patronage, et c'est ainsi que fonctionnent, depuis plus de trente ans, celle de Mettray, et depuis 1833 celle de Paris, fondée par M. Charles Lucas pour les garçons, et en 1836 pour les filles, par MM[mes] de Lamartine et de Lagrange. — Celle de M. Charles Lucas se propose, dit l'article 1er de ses statuts, « de maintenir dans les habitudes d'une vie honnête

(1) Discours, p. 50.

(2) Rollin, *Traité des Études*, t. I. p. 42.

» et laborieuse les enfants du sexe masculin, sortis par » libération des maisons d'éducation correctionnelle de la » Seine. Elle se charge également de la surveillance des » jeunes délinquants qui peuvent lui être remis par l'auto- » rité administrative, avant l'époque de leur libération, aux » conditions réglées par le Ministre de l'intérieur et la So- » ciété. Dans ce but, elle s'occupe de compléter l'instruc- » tion morale et religieuse de ces enfants ; elle leur pro- » cure un placement ou un apprentissage, et les confie au » patronage des membres de la Société désignés à cet » effet (1). »

Ailleurs, il est vrai, des tentatives ont été vainement faites et n'ont pas encore réussi (2). Espérons que des travaux actuels de la Commission sortira un projet pratique, qui permettra aux personnes bien intentionnées de s'associer en toute indépendance, et leur assurera en même temps les ressources nécessaires pour une œuvre, après tout facile, si on considère le petit nombre de libérés pour chaque centre de population, et le peu de durée du patronage direct (trois ans) si on conserve l'article 19 de la loi de 1850.

(1) Discours, p. 50. — Voici comment s'exprime M. le garde des sceaux dans son Rapport à l'Empereur sur la statistique criminelle. (*Journal officiel*, du jeudi 31 mars 1870) :

« Par un décret du 8 octobre 1869, Votre Majesté a institué une commission chargée d'étudier toutes les questions relatives au patronage des jeunes détenus et des adultes libérés. Le concours des hommes compétents qui forment cette commission ne pourra manquer de jeter de vives lumières sur la solution d'un des plus grands problèmes sociaux. »

(2) M. Stainville a été mal renseigné par le rapport de M. Dupuy, directeur du service des prisons au ministère de l'intérieur, lorsqu'il prétend qu'il en est ainsi pour Toulouse. La Société de patronage y fonctionne depuis longtemps, et elle a été l'objet d'un arrêté préfectoral du 11 janvier 1850. Plusieurs des honorables membres de l'Académie de Législation en font partie. — Voir, Discours, p. 55, texte, et note 2.

IV.

Messieurs, j'ai suivi M. l'avocat général dans son discours substantiel, plein d'intérêt et de vie, et l'Académie voit bien quels remerciements elle lui doit pour son gracieux envoi. Mais je regrette de ne pouvoir le suivre avec vous dans l'éloge posthume qu'il décerne à un magistrat, que j'ai eu l'honneur de connaître un peu, M. Paillart, premier président honoraire, l'un des plus aimables et plus fins causeurs, l'un des hommes qui lisaient le mieux nos grands maîtres, qu'il m'ait été donné d'entendre. Toulouse est trop éloignée de la capitale Lorraine, et je reviens aux enfants en me retournant vers un pays voisin, vers l'Italie (1).

Vous connaissez tous ces malheureux qu'on appelle *petits Italiens*; — qu'il se glisse parmi eux plus d'un petit Français, personne n'en sera surpris ! — Ces enfants viennent d'au-delà des monts, livrés, vendus par leurs parents comme une marchandise; et, tout le long du jour, ils errent dans les rues et sur les boulevarts des grandes villes, de Paris surtout, implorant la charité publique, après avoir chanté en s'accompagnant de harpes grinçantes et de violons criards faits à leur taille. Dernièrement, on lisait dans un journal (si la chose n'est pas vraie, elle est du moins très-vraisemblable) qu'un individu, confortablement habillé, s'approchant, vers deux heures de l'après-midi, d'un de ces groupes d'enfants assis sur le rebord d'un trottoir, les avait interpellés rudement : « Assez de paresse, le monde arrive, allez *travailler*, j'ai l'œil sur vous ! » Ce

(1) Je me permets d'ajouter aux remerciements de l'Académie les miens propres. Que M. Stainville veuille bien recevoir l'hommage de ma reconnaissance personnelle, puisqu'il m'a permis de me rapprocher par la pensée de cette charmante ville de Nancy, dont le souvenir est si vivant chez tous ceux qui en ont connu l'aimable et cordial accueil.

qui est certain, pour avoir été constaté plus d'une fois devant les tribunaux, c'est que ces pauvres créatures doivent rapporter chaque soir tel nombre de sous à l'ogre du taudis, où ils vont manger et dormir pêle mêle; sinon ils sont brutalisés, battus quelquefois si fort que la justice criminelle est forcée d'intervenir (1).

Le mal est si grand, Messieurs, ce nouvel esclavage, l'esclavage de l'enfant, est si odieux, cette traite des blancs provoque une telle pitié (2), que le gouvernement italien s'est ému, et qu'une loi spéciale est sur le point d'être faite. L'Académie voudra entendre les paroles prononcées au Sénat de Florence par M. le comte Menabrea :

« Vous savez que des hommes avides d'argent, profitant » de la misère où se trouvent les habitants de quelques » localités de l'État, soit à cause du peu de fertilité du sol, » de la difficulté des moyens de communication ou du » manque d'instruction des habitants, proposent d'accom- » plir une œuvre en apparence profitable et généreuse, et

(1) Comme preuve à l'appui de notre assertion, nous détachons l'article suivant du *Journal de Toulouse*, nº du dimanche 20 février 1870 :

On lit dans le *Journal du Havre* :

« La semaine dernière, un agent de police trouvait blottis et grelottant de froid, derrière une porte à onze heures du soir, deux pauvres petits enfants. Conduits au poste, ils ont déclaré qu'ils étaient venus d'Italie, sous la direction d'un individu nommé Briglia ; on les avait trouvés derrière cette porte, disaient-ils, parce qu'ils n'osaient pas rentrer chez leur maître, dans la crainte d'être battus, pour n'apporter qu'une recette insuffisante.

» Cet exploiteur d'enfants est en effet venu d'Italie avec une troupe de douze enfants, tous très jeunes ; tous ces malheureux petits êtres lui ont été livrés par leurs parents, par contrat en bonne forme.

» La police, s'étant transportée le lendemain de l'arrestation des deux enfants au domicile par eux indiqué, y vit un petit mendiant qui répondait au gracieux nom de Rosa, et qui portait à l'œil la trace d'un coup violent. Interrogé, il répondit que ce coup lui avait été porté par son « *padrone* » un soir qu'il apportait une recette jugée insuffisante, et que son maître lui avait mis la main sur la bouche pour l'empêcher de crier.

» Briglia a été condamné pour ce fait à un mois de prison. »

(2) « Le premier soupir de l'enfance est pour la liberté. » VAUVENARGUES, *Réflexions et Maximes*, CCCXC.

» que des parents pauvres leur confient de jeunes enfants » qu'ils conduisent en pays étrangers, dans les plus » grands centres de la civilisation, pour exercer le métier » de saltimbanques, de chanteurs ou de musiciens ambu- » lants. En réalité, ces enfants leur sont loués et, pour » ainsi dire, vendus pour une modique somme. Accablés » de fatigues, de peines, de privations, voués inévitable- » ment à une vie errante, *à la mendicité, au vice*, et *même* » *exposés à commettre des délits*, ils deviennent des instru- » ments de gain. »

Ce projet de loi, qui touche de si près à la matière du discours de Nancy, comme le montrent les dernières paroles de M. le comte Menabrea, punit de la prison et de l'amende les parents qui feraient à l'avenir de pareils contrats de louage. Les intermédiaires, les patrons sont également atteints, et même les officiers publics qui délivreraient des passeports aux mineurs de 16 ans, lorsque les circonstances devaient éveiller leurs soupçons. Enfin, les agents diplomatiques et consulaires sont chargés du rapatriement immédiat de tous les enfants dans les six mois de la publication de la loi. Les frais seront avancés par l'État (1).

Après avoir envisagé nos propres plaies, il n'était pas, je pense, hors de propos de porter ses regards sur celles d'autrui, non pas, certes, pour s'en réjouir — des sentiments aussi vils sont bien loin de nous, — non pas davantage pour nous endormir — il faut combattre son propre mal sans se préoccuper de savoir si celui des autres n'est pas pire —, mais pour apprendre à mieux aimer son pays, et pour éviter ici ce dénigrement de nous-mêmes, auquel nous sommes trop sujets. Enfants de la France, nous avons

(1) Tout ceci est extrait d'un très intéressant article relatif à ce projet de loi et publié dans la *Revue critique* (décembre 1869), par M. Émile Quétand, avocat.

toujours pris je ne sais quel plaisir malsain à dévoiler les tristesses et à exagérer les maux de notre mère, au lieu de les couvrir d'un manteau, comme il sied à des fils pieux. Messieurs, en 1839, le marquis de Custine, mécontent de son pays, médiocrement ami de son gouvernement, partait pour la Russie. Il allait y chercher des arguments contre le régime parlementaire, et admirer en face la plus haute expression du pouvoir absolu, le czar Nicolas. Après trois mois de séjour, il revenait avec un livre admirable, mais guéri de l'amour des czars et du pouvoir absolu, et il concluait ainsi : « Le voyageur rentré dans ses foyers peut » dire de son pays ce qu'un homme d'esprit disait de lui- » même : Quand je m'apprécie, je suis modeste, mais je » suis fier quand je me compare (1). »

(1) *La Russie*, par le marquis de Custine.

Extrait du Recueil de l'ACADÉMIE DE LÉGISLATION.

Séance publique du 30 janvier 1870.

FÊTE DE CUJAS.

RAPPORT

SUR LES

CONCOURS ORDINAIRES

PAR

M. Louis ARNAULT, secrétaire-adjoint.

Messieurs,

Parmi les questions historiques les plus obscures et les plus débattues, je ne dis pas les plus importantes, on peut compter toutes celles qui touchent aux origines et à la filiation des Basques. Tout est controverse et tout est difficulté pour celui qui se hasarde à pénétrer dans l'intimité de ce petit peuple de moins d'un million d'hommes ramassés le long des Pyrénées, tant en Espagne qu'en France. Les savants les plus illustres n'ont pas dédaigné de s'occuper de cette langue bizarre, l'euskarien, qui semble en Europe comme un débris attardé d'une civilisation primitive, ainsi que serait au milieu de nous, dans le genre animal, la vivante apparition d'une espèce perdue. A côté de ces savants généraux, si je puis ainsi parler, comme Guillaume de Humboldt, pour n'en citer qu'un, des hommes laborieux ont étudié les Basques avec toutes les ressources de la science moderne, et ils les ont examinés au point de vue de la géographie, de la philologie, de l'anthropologie, de la numismatique... et d'autres sciences encore. De là, Messieurs, est née, soit à Bayonne, la capitale française des Euskariens, soit ailleurs, toute une littérature spéciale, dont le mouvement ne se ralentit pas, puisque l'année 1869 compte au moins deux monuments nouveaux de cette critique historique (1). L'un d'eux est même l'œuvre d'un des correspondants de l'Académie, qui déclare, la main sur la conscience, que, « depuis quatorze ans, il n'a pas passé un seul jour » sans y travailler, ni une heure sans y penser (2). » Cependant, tout ce labeur n'aboutit qu'à un résultat négatif, et, moins heureux que ses devanciers, l'auteur, après avoir porté le fer et le feu dans les constructions d'autrui, a déposé les armes, et s'est retiré sans édifier la sienne à leur place !

Ne craignez pas, Messieurs, que ma téméraire ignorance se hasarde sur ces terrains brûlants et veuille prononcer en aussi grave matière ! Qu'il me soit permis seulement de rappeler deux des innombrables conjectures faites par les Euskarisants sur les premiers pères des Basques modernes. Pour certains, « le peuple Basque de France et d'Espagne » est un débris des peuples primitifs du continent d'Asie ; » il est l'expression unique de l'humanité aux temps anté- » historiques ; il a, sans adultération, continué cette race

(1) *Origine des Basques de France et d'Espagne*, par D.-J. Garat. (Paris, Hachette, 1869).
Études sur l'origine des Basques, par M. Jean-François Bladé. (Paris, Franck, rue de Richelieu, 67, 1869).

(2) Bladé, p. 490.

» de Sem, qui, par sa haine du polythéisme, trancha si » fort sur la race de Japhet, et dont le Cid et Charles- » Martel crurent avoir anéanti les derniers représentants » en France et en Espagne; il porte au front la noble » empreinte dont Dieu marqua l'humanité, lorsqu'il l'eut » pétrie de ses mains, et que, la vivifiant de son souffle, il » la plaça au monde ignorante, mais forte, libre d'aller à » lui ou de s'en éloigner, d'aller à la vérité ou à l'erreur, » au progrès ou à la décadence (1). » Nous voilà bien près de l'hypothèse de l'abbé d'Iharce de Bidassouet, pour lequel l'Eskuara serait la langue même parlée dans le Paradis terrestre, et qui s'écrie plein d'enthousiasme : Que l'on convienne donc enfin qu'il n'y a aucune langue dans tout l'Univers qui approche plus de la langue que le Père Éternel a inspirée à Adam ! (2).

D'autres, au nom de la linguistique et de la légende de Platon sur l'Atlantide, font remarquer « que toutes les » langues rencontrées dans le nouveau monde, lors de sa » découverte, toutes, sans exception, appartiennent à la » classe des langues polysynthétiques... » Or, n'est-il pas » curieux « que, précisément subsiste — à l'extrémité de » notre hémisphère, voisine de la mer Atlantique — le dé- » bris de l'une des familles glossales les mieux rangées » dans cette classe naturelle, — classe dont les caractères » étonnent à tel point les Européens... Cet unique échan- » tillon des langues polysynthétiques, qui soit resté vivant » dans notre Occident, c'est le basque, qui se trouve avoir » gardé pour dernier refuge la chaîne des Pyrénées. Il a » donc sa demeure dans l'une des régions de l'ancien » monde qui s'avancent le plus vers le nouveau. Il habite

(1) Garat, p. 288.

(2) Bladé, p. 65, note 3, et 229, à la note. — Voir aussi Elisée Reclus, *Revue des Deux-Mondes*, 15 avril 1867, article intitulé : *Les Basques* : « *Un peuple qui s'en va.* »

» l'un des points qui, supposé qu'autrefois une large bande » de terre s'avançât d'Amérique pour établir communica- » tion avec l'Europe, auraient formé naturellement *tête de* » *pont.* »

Ainsi s'exprime devant l'Académie de Stanislas, à Nancy, M. le baron Guerrier de Dumast, et il joint à sa conjecture renouvelée de Bory de Saint-Vincent une carte non moins conjecturale de cette Atlantide engloutie sous les flots (1). J'avoue, Messieurs, que l'imagination est séduite à la pensée que nos compatriotes des Pyrénées descendraient d'une race Atlantique, d'autant plus qu'un autre soupçon historique porte à croire que le Nouveau-Monde aurait été abordé avant Colomb par « de hardis navigateurs Basques » lancés à la poursuite des baleines fuyardes (2). Ce seraient des enfants qui, violemment séparés de leur mère par une révolution du globe, l'auraient retrouvée grâce à un caprice du hasard !

C'est dans le domaine moins troublé et plus fixe de la science juridique que M. Bonvalot, conseiller à la Cour impériale de Colmar, a voulu étudier les Basques, et leur a consacré un ouvrage manuscrit de 174 pages in-folio, intitulé : *Le Droit des Basques et spécialement leur système matrimonial.* Pour lui, les Escualdunac, comme ils se nomment entre eux, sont les descendants des Cantabres, et il se garde de s'aventurer dans les obscurités de l'histoire. Malheureusement, il ne peut se dispenser, pour rechercher les monuments originaires, de donner sa géographie du pays Basque. Ici les controverses renaissent, et plus d'un membre de l'Académie a cru devoir protester. Mais, comme

(1) Bory de Saint-Vincent, *Résumé géographique*, sect. II, p. 129. — Voir, sur cette opinion, Bladé, p. 502 et seq. — Voir aussi la brochure intitulée : *Sur la question de l'Atlantide : « Quelques remarques linguistiques, »* par P.-G. de Dumast, correspondant de l'Institut. (Nancy, 1869).

(2) Michelet, *La Mer.*

elle n'a pas compétence pour résoudre des questions de géographie historique, elle accepte, sans les sanctionner, les idées de M. Bonvalot, uniquement pour arriver à juger son œuvre.

Ainsi, Messieurs, pour l'auteur, le pays Basque comprend, « sur le versant gallique, les provinces de Basse-Navarre, » Labourt et Soule. Cette dénomination de la géographie » vulgaire n'est pas rigoureusement exacte ; car, en dehors » de la zone précédente, on rencontre encore des popula- » tions d'origine Escualdanaise...... En France, dans le » Comminges — cantons actuels d'Aspet et de Salies, sur la » rive droite de la Garonne — dans les montagnes de la » Bigorre — vallées de Baréges et du Lavedan, — dans les » quatre vallées — d'Aure, Magnoasc, Neste et Barousse — » et les plaines des Landes, anciennes prévôtés d'Acs, » Saint-Sever et vicomté de Marsan (1). »

L'auteur consacre ensuite un chapitre à passer en revue, avec le plus grand soin, les différents coutumiers du pays Basque français : « Aucun de ces monuments n'est antérieur » à la féodalité, ni postérieur au XVIIe siècle (2). » Aucun d'eux n'est rédigé en Euskarien, et, chose remarquable du reste, il n'existe aucun vieux texte parfaitement authentique de cette langue, sauf peut-être un passage de Rabelais (3), qui a défié tous les traducteurs (4).

Le génie Basque, pour M. Bonvalot, est « antique et singulier ; » mais, grâce aux influences extérieures, l'empreinte de ce génie dans les institutions est, suivant les lieux, restée pure, ou s'est affaiblie ou même complètement effacée. C'est qu'en effet ces influences ont été quadruples : on trouve d'abord celle de la législation romaine, puis le

(1) Mémoire de M. Bonvalot, p. 5 et 6, et notes.
(2) Bladé, p. 429.
(3) *Pantagruel*, liv. II, ch. 9. p. 127, édition Charpentier.
(4) Bladé, p. 264, et note 1.

droit gothique, surtout dans la partie espagnole, la féodalité ensuite, qui a rempli le moyen-âge, et enfin l'esprit libéral et humanitaire, qui a surtout triomphé dans les temps modernes (1). Malgré cela, toute originalité n'a pas disparu, et, pour s'en convaincre, il suffit de suivre l'auteur dans son intéressante étude de la famille Basque, et du régime matrimonial.

La famille, comme à l'origine de toute civilisation, est concentrée dans la main d'un chef, et ce pouvoir se transmet par ordre de primogéniture. Seulement, — et c'est ici le trait particulier, — comme la femme a la même aptitude que l'homme à propager, conduire et représenter la famille, le titre de chef appartient indifféremment au mari ou à la femme, au père ou à la mère, et toujours à celui des deux conjoints qui possède les biens.

« Cette suprématie tout-à-fait indépendante est une con-
» ception originale — et sans doute unique — des Euska-
» riens. Fort opposée aux idées des siècles d'Auguste et de
» Louis XV, elle excitait l'étonnement du géographe
» Strabon, habitué à entendre dire : *mulier caput et finis*
» *familiæ*, et l'indignation du jurisconsulte Noynès, élevé
» au sein d'un régime aristocratique. Au premier, elle
» semblait peu conforme aux règles d'un état policé, et au
» second bizarre et insuffisante. Quelque jugement qu'on
» porte sur ce gouvernement de la famille, attribué sans
» distinction à l'homme ou à la femme, il faut reconnaître
» que, s'il s'est effacé en Béarn sous l'action des romanis-
» tes, il a gardé toute sa sève native dans le reste de la zone
» pyrénéenne, et que le Code Napoléon n'est pas parvenu,
» malgré sa toute-puissance, à le déraciner totalement des
» mœurs (2). »

(1) Mémoire, p. 23, 24 et seq.
(2) Page 30.

Ainsi, au premier né, fils ou fille, suivant les hasards de la génération, « advient l'honneur de recueillir le nom,
» le privilége et les biens de la famille. Au premier né,
» incombe la charge de continuer les aïeux et de trans-
» mettre de la même façon à ses descendants la fortune
» avitine. Pour lui, le mariage est un devoir. Mais, si on
» avait laissé les aînés s'établir ensemble, deux familles et
» deux héritages auraient été confondus, et le but politique
» manqué. Pour n'apporter trouble ni dans le nombre
» des maisons, ni dans l'assiette des fortunes, on a arrangé
» le mariage autrement. Un aîné, héritier ou héritière,
» n'épouse jamais qu'un cadet ou une cadette (1) »

Ceux-ci sont nantis, en général, sous le nom de légitime, d'une faible portion de l'avoir de leur famille, et, grâce à cette dot, l'aîné ou l'aînée qu'ils épousent, ou bien leurs ascendants, peuvent, à leur tour, payer leur légitime aux cadets de leur lignée. Ainsi, chose très bizarre, nous voyons le mari fournir une dot, dans le sens juridique du mot, c'est-à-dire une valeur destinée à subvenir aux charges du ménage, et dont il va abdiquer, suivant les cas, la propriété ou tout au moins la jouissance entre les mains de la femme. « Dans ces unions, où l'un des conjoints a un
» nom et un patrimoine, et où l'autre est sans nom et sans
» patrimoine, on ne fait cas au logis que du conjoint pro-
» priétaire. Le conjoint déshérité de la naissance et de la
» fortune ne compte guère. Le titre d'héritier domine le
» titre de mari ou d'épouse ; il est supérieur à celui de père
» ou de mère ; il engendre le commandement, le pouvoir
» sur les enfants, le pouvoir sur le conjoint puîné ; il con-
» fère toujours le sceptre domestique (2). »

« Aux yeux de la famille, comme aussi aux yeux de la

(1) Page 31.
(2) Page 32.

» société, l'héritière — car c'est elle surtout qui nous inté-
» resse — et non son mari, personnifie la maison. En tou-
» tes choses, elle est la première; elle figure en tête des
» parents. Dans les grands événements de la vie privée,
» elle reçoit les hommages et porte les compliments; elle
» trône dans le ménage, radieuse, dominatrice, comman-
» dant aux personnes et disposant des biens en toute capa-
» cité. En un mot, au logis conjugal, elle règne et gou-
» verne (1). »

« Son autorité ne pèse pas seulement sur ses enfants (et
» parfois sur ses frères puînés), mais elle pèse encore sur
» son mari, venu dans la maison avec sa cape et sa hou-
» lette et peut-être une mince légitime; celui-ci n'y joue
» qu'un rôle subordonné et tout-à-fait secondaire. On le
» considère comme un instrument de travail et de propa-
» gation de la famille, on en fait un premier domestique,
» un homme d'affaires, mais jamais un égal et un associé.
» L'infériorité de ce pauvre mari se révèle à des signes
» éclatants. Au lieu d'imposer son nom à sa femme, il
» adopte le nom de la maison de celle-ci et le transmet à
» ses enfants, suivant un usage oriental séculaire et encore
» actuel dans les villages pyrénéens..... Au lieu de com-
» mander, il obéit; ne s'accommode-t-il pas de l'humeur
» de ses beaux parents chez lesquels il vit, il ne peut em-
» mener sa femme, quand celle-ci refuse de le suivre; et
» veut-il absolument s'éloigner de cette maison à laquelle
» il est enchaîné, il perd sa légitime et tous ses droits. En-
» fin, au lieu d'acquérir pour lui, il acquiert pour l'héri-
» tière; car il est assimilé au fils de famille et à l'esclave
» romains, lesquels n'acquièrent que pour leur père ou
» maître (2). »

(1) Page 42.
(2) Mémoire, p. 44.

Telle est, Messieurs, cette situation spéciale de la femme héritière, dont j'ai voulu emprunter tous les traits à M. Bonvalot. On a essayé d'en nier l'originalité; mais je crois qu'il faut bien s'entendre.

Certes, il n'est pas besoin d'aller en pays Basque pour trouver une inégale répartition des biens entre les enfants et un amour vaniteux et immodéré de la conservation du patrimoine entre les mains de l'un d'eux. Cette coutume impie n'a jamais cessé d'être florissante dans une partie de la France, malgré les dispositions restrictives du Code Napoléon; et plût au ciel même qu'elles fussent à peu près respectées! Mais, qui ne le sait? Une immorale complicité s'établit entre le chef de famille et l'enfant avantagé. Toute la partie liquide de la fortune est drainée au profit de ce dernier, et les cadets doivent assister, impassibles et muets, à leur spoliation quotidienne. Vienne le jour de la mort! on ne retrouve plus que les biens qu'éclaire le soleil, et encore sont-ils mésestimés, et souvent chargés au profit de l'aîné d'hypothèques de fantaisie! Si bien que les autres enfants sont placés dans cette dure alternative, d'une faiblesse moutonnière et désastreuse, ou de procès, dont les preuves seront précaires, puisqu'il faudra démasquer une dissimulation dès longtemps préméditée et même accomplie! Aussi, Messieurs, nous qui voyons ces choses se pratiquer couramment dans toutes les couches sociales, nous qui sommes témoins des divisions de famille, des troubles qu'elles suscitent, nous sourions lorsque des hommes du Nord, — animés des meilleures intentions, — réclament, dans des discours au Corps législatif ou des ouvrages de *Réforme sociale*, la liberté absolue de tester. Non, nous ne voulons pas revenir à la loi des XII Tables, reculer de vingt-trois siècles, et recommencer l'œuvre pénible des jurisconsultes auxquels nous devons la légitime devenue notre réserve!

Mais, dans nos pays, hélas! nous savons trop bien que ce

n'est pas pour les filles que sont combinés ces avantages excessifs ! Un paysan n'a pas d'*enfant* lorsqu'il n'a que des filles ! C'est au profit exclusif de l'aîné des garçons, et la particularité des coutumes Basques est justement dans cette égalité des premiers nés, garçons ou filles.

Veut-on dire que des voisins des Basques présenteraient ce même trait spécial dans leurs usages ? C'est possible, et c'est encore une question de géographie historique, sur laquelle nous déclinons toute compétence. Mais on a été plus loin, et on a dit : « Ce régime est une nécessité dans les » pays de montagnes et de landes, où l'infertilité du sol » s'oppose plus ou moins à la mise en culture et à la pro- » priété individuelle. Les pasteurs possèdent par commu- » nautés ou tout au moins par familles; et, dans ce cas, il » importe peu que ce soit l'aîné, mâle ou femelle, des en- » fants qui soit choisi comme le représentant des intérêts » collectifs (1). »

Ainsi, nous aurions ici une simple conséquence de la copropriété de famille et de la vie patriarcale. On pourrait répondre que, avant la loi décemvirale, nous avons à Rome la même copropriété ; que les fils, en puissance du père, y sont héritiers siens, héritiers d'eux-mêmes, comme étant déjà associés à la propriété, et que la femme, cependant, est sous le pouvoir et la dépendance de son mari, tout comme si elle était la sœur de ses propres enfants. Mais ce régime de la copropriété de famille a partout été, et reste encore celui de la civilisation naissante ou peu développée, et c'est pour lui avoir substitué la propriété individuelle (2) que la loi des XII Tables doit être reconnue comme le fondement inébranlé de notre société moderne. Aussi, à cause

(1) Bladé, p. 442.

(2) En reconnaissant au *paterfamilias* le droit absolu de tester. Depuis, tout en respectant ce principe, on a dû, même à Rome, restreindre l'exercice de ce droit pour assurer à certains héritiers une partie de la succession.

de cette généralité, semble-t-il convenable de faire appel au temoignage d'un jurisconsulte qui, dans un beau livre, a étudié la condition de la femme dans tous les temps et dans tous les lieux?

« D'après toutes les traditions de l'antiquité, la famille, » dit M. Gide, n'a été constituée que le jour où les peuples, » renonçant à la vie nomade, ont commencé à cultiver les » terres et à fonder les cités...... Le jour où l'homme, » s'attachant au sol, a bâti sa maison et a tracé les limites » de son champ, la famille a été fondée; car ce n'est pas » pour lui seul qu'il a créé un établissement plus durable » que lui, c'est pour ses enfants et sa postérité. Le désir » d'une postérité, tel a été, dans toute l'antiquité, le pre- » mier sentiment qui ait imprimé à l'union des deux sexes » un caractère moral et une forme régulière. »

« La condition de la femme a subi une transformation » complète; en entrant dans la famille, la femme a en » même temps abdiqué son indépendance et reconquis sa » dignité morale. Nous l'avons vue (dans la vie nomade) » à la fois indépendante et avilie; maintenant, par un » contraste nouveau, nous allons la voir à la fois aussi » soumise qu'un esclave et aussi honorée que le chef de » famille lui-même. »

« La dépendance de la femme n'a jamais été aussi étroite » que dans l'ère patriarcale, parce que la puissance du » père de famille n'a jamais été aussi absolue. Comme l'on » ne connaissait encore aucune autre institution que la » famille, l'autorité paternelle pouvait s'étendre indéfini- » ment sans risquer de se heurter jamais à une autorité » rivale. Plus tard, l'Etat est intervenu. Il a étendu sa » protection sur l'enfant et sur la femme, et le pouvoir » domestique s'est trouvé dès lors subordonné au pouvoir » public. Mais, dans les premiers âges, lorsque les pou- » voirs publics n'existaient point encore, le père de famille

» était seul législateur, seul juge, seul prêtre, et ses femmes, ses enfants, ses esclaves, étaient tous de même condition; car ils étaient tous sans droit devant lui. — Et cependant, par un heureux contraste, il n'est peut-être pas d'époque dans l'histoire où la femme, fille, épouse ou mère ait été plus honorée (1). »

Ainsi, la *gynécratie cantabrique*, pour employer l'expression de M. Bonvalot, ne tient pas à la vie patriarcale et à la copropriété de famille, elle est bien une conception particulière et originale, et nous devons savoir gré à l'auteur, je ne dis pas de l'avoir révélée, mais de l'avoir parfaitement mise en lumière. Je regrette que les bornes de ce discours ne me permettent pas de le suivre dans l'examen des deux grands régimes matrimoniaux des Basques, régime dotal pur, ou régime dotal avec communauté d'acquêts. Ici encore nous trouverions quelques traits particuliers et distinctifs. Ainsi, « la dot n'est inaliénable que quant à sa valeur ou à la représentation de cette valeur, son indisponibilité dure au-delà du mariage; ainsi encore, la femme, au cas de communauté d'acquêts, plus associée aux affaires, ne jouit ni de la faculté de renoncer à la communauté, ni de la faculté de l'accepter sous bénéfice d'émolument..... Ainsi, enfin, la communauté n'est pas rompue par la mort d'un des conjoints, elle continue entre le survivant et les enfants (2). »

C'est donc un travail plein d'intérêt que M. Bonvalot a mis sous les yeux de l'Académie. Elle peut dire que l'œuvre a été supérieure à la matière, et qu'il y a fallu bien de la patience. Rien d'habitude n'est plus fastidieux que la lecture des commentaires de ces vieilles coutumes, qui sont au

(1) *Étude sur la condition privée de la femme dans le Droit ancien et moderne*, ouvrage couronné par l'Institut, par Paul Gide, agrégé à la Faculté de Droit de Paris. — Paris, Durand et Thorin, 1869, pages 24 et seq.

(2) Pages 171 et seq.

droit ce que le bégaiement de l'enfant est à la langue de l'homme fait. Remercions le savant magistrat de Colmar, qui se laisse lire sans fatigue et avec profit, oublions quelques propositions hasardées, faisons trêve à la banalité des éloges, et bornons-nous à dire que nous avons été heureux de décerner une médaille d'or de 200 fr. à M. Bonvalot, conseiller à la Cour impériale de Colmar, pour son Mémoire sur *le Droit des Basques et spécialement leur système matrimonial.* — Sans doute, Messieurs, si on se demandait quelle est l'utilité immédiate de pareils ouvrages, la réponse serait à peu près négative. Mais, vous le savez, c'est pour cela justement qu'ils sont l'honneur de l'humanité, c'est par cette haute curiosité de nous-mêmes et son désintéressement, c'est par ce luxe de l'esprit, que nous affirmons le mieux la supériorité de notre nature, nos aspirations vers l'au-delà; et, en ce sens, on a pu dire, en toute vérité, qu'il n'y a pas d'études plus utiles que les études inutiles!

Avec le livre que l'Académie vient de couronner, nous avons reçu, Messieurs, pour le concours général de 1869, un manuscrit de 112 pages, qui porte pour titre : *Étude sur l'institution des juges de paix.* Il y a ceci de particulier dans cette œuvre que la première moitié est plutôt un discours sur la beauté de la mission du « père judiciaire du canton, » et que le reste seul est consacré à la partie juridique. Encore ici les questions sont-elles non pas traitées, mais seulement posées et effleurées; chose regrettable surtout dans un moment où des remaniements législatifs sont en cette matière à l'étude et même, à l'heure qu'il est, à l'état de projet de loi. L'Académie a donc pensé que la première portion du Mémoire s'était trompée d'adresse, et paraissait, par le lyrisme du style et la richesse des images, plutôt du domaine d'une société plus poétique que la nôtre; et que la seconde, demeurant seule, était insuffisante à mériter une récompense à son auteur. En conséquence, nous ignorons jusqu'à son nom, et cependant il n'est pas téméraire de penser, à raison même de l'intimité de certains détails, que ce travail émane d'un juge de paix. Qui donc, en effet, pourrait en aussi bien connaître les secrets et s'écrier :

« Nous avons vu que, dans les appositions de scellés et » dans les conseils de famille, le juge de paix est apparu » comme une Providence visible. Mais il est bien cette même » Providence dans son cabinet, quoique cachée ; c'est là » surtout que le juge de paix, en révélant les qualités du » magistrat, doit se diriger en homme de cœur et se mon- » trer comme le symbole de la charité. C'est là que se » trouve cet autel édifié par les législateurs de 1790... Le » cabinet du juge de paix est donc un véritable sanctuaire, » où tout se passe dans le recueillement et le secret, et » d'où les hommes reviennent meilleurs (1) ! »

Ainsi, Messieurs, qu'on ne se méprenne pas sur ce jugement de l'Académie ! Il n'est, je me plais à le répéter, motivé que sur la brièveté de la partie spéciale du Mémoire. Que l'auteur, quel qu'il soit, se remette donc à son œuvre, creuse plus profondément son sujet, et nos récompenses lui seront acquises. Du reste, à cette heure, les exemples ne lui manquent pas. Les publications spéciales commentent le projet de loi à l'étude sur les juges de paix, et l'augmentation de leur compétence ; des questions vitales sont agitées. Hier encore, j'apprenais, par une intéressante brochure, l'existence d'une excellente institution : celle de conférences de tous les juges de paix d'un ressort au chef-lieu d'arrondissement, sous la présidence du procureur impérial (2). Nous voudrions la voir se répandre, comme une

(1) Pages 40 et 41.

(2) Voir une brochure intitulée : *Étude sur le projet de loi relatif à la compétence et à la procédure des justices de paix*, par M. Azemard, juge de paix, ancien bâtonnier. Paris, 12, rue des Saints-Pères, 1869. Il y est question de la conférence organisée et présidée par M. Edouard Périer, procureur impérial à Villeneuve-sur-Lot.

chose propre à rendre plus aptes à remplir leurs fonctions des hommes que la loi place, seuls et sans secours extérieurs, à la source de toutes les contestations. L'assentiment des hommes de bien doit être acquis à tout ce qui tend à rapprocher de la vérité, dans la personne du juge de paix, la belle devise de notre Mémoire : *Justitia et pax osculatæ sunt.*

Enfin, Messieurs, je dois vous entretenir d'un travail présenté à l'Académie pour le concours spécial qu'elle ouvre entre les lauréats universitaires. L'un d'eux, M. Cardonel, élève de la Faculté de Toulouse, a étudié dans son Mémoire de 139 pages, l'*Autorité de la chose jugée en matière civile.* C'était s'attaquer à une nécessité sociale de premier ordre ; en effet, comme l'a dit un grand penseur, Joseph de Maistre : « Dans l'ordre judiciaire, qui n'est qu'une pièce du » gouvernement, ne voit-on pas qu'il faut absolument en » venir à une puissance qui juge et n'est pas jugée ; pré- » cisément, parce qu'elle prononce au nom de la puissance » suprême, dont elle est censée n'être que l'organe et la » voix ! Qu'on s'y prenne comme on voudra, qu'on donne » à ce haut pouvoir judiciaire le nom qu'on voudra, tou- » jours il faudra qu'il y en ait un auquel on ne puisse dire : » Vous avez erré. Bien entendu, que celui qui est condamné » est toujours mécontent de l'arrêt, et ne doute jamais de » l'iniquité du tribunal ; mais le politique désintéressé, qui » voit les choses d'en haut, se rit de ces vaines plaintes. Il » sait qu'il est un point où il faut s'arrêter ; il sait que les » longueurs interminables, les appels sans fin, et l'incer- » titude des propriétés sont, s'il est permis de s'exprimer » ainsi, plus injustes que l'injustice (1). »

Rien de plus vrai, Messieurs, que ces paroles du grand gentilhomme catholique, comme l'appelait Sainte-Beuve.

(1) *Du Pape*, par Joseph de Maistre, liv. I, ch. 1.

Mais hâtons-nous d'ajouter, ce qu'il ne fait pas, que cette infaillibilité judiciaire serait insupportable, si elle n'était aussitôt tempérée par cette restriction : que les jugements n'obligent que les parties entre lesquelles ils sont rendus ; qu'ils sont étrangers aux tiers, et qu'ils ne lient pas le juge lui-même pour l'avenir, et pour des questions semblables agitées entre d'autres personnes. Ce tempérament, plus nécessaire peut-être, oserai-je dire, que la nécessité elle-même de l'autorité des jugements, est une des plus belles conquêtes des jurisconsultes de Rome. Nous en jouissons, comme de la santé, et de tant d'autres biens, sans nous en douter, et nous ne l'apprécierions au juste que si, par impossible, nous venions à le perdre. Alors, on verrait partout l'inquiétude, alors, chacun pouvant être condamné sans être entendu, nul ne serait maître ni de ses biens, ni de son état, ni même de sa personne !

Aussi, l'Académie a-t-elle regretté que M. Cardonel, tout en posant les deux règles, n'y ait pas insisté davantage. Il semble croire que les jurisconsultes romains soient arrivés d'emblée à cette haute conception. Il leur fait trop d'honneur, et les plus grands se sont trompés sur des cas d'application si simples, que l'erreur ne pouvait porter que sur le principe même. C'est ainsi que, dans le conseil du préfet du prétoire, présidé sans doute par Papinien, et où siégeait Ulpien, certains pensaient qu'un jugement entre un premier et un troisième créancier hypothécaire pouvait être opposé au second créancier, tout comme le serait un paiement que le troisième aurait fait au premier pour se mettre à sa place ; et le jurisconsulte Paul réfutait cette opinion par l'autorité relative de la chose jugée (1).

Du reste, Messieurs, si le Mémoire laisse à désirer pour l'étendue des recherches et la profondeur des aperçus, si,

(1) L. 16. Dig., L. 20, tit. 1.

pour le dire en un seul mot, on peut lui reprocher une certaine absence d'originalité — car un esprit net et vigoureux doit toujours présenter à sa manière les choses les plus rebattues et leur imprimer sa marque —, d'autre part, l'Académie se plaît à rendre hommage à l'exactitude presque absolue des doctrines, à la clarté de la méthode, du style et de l'exposition. Elle reconnaît volontiers que le seul défaut révélé par cette œuvre est un enviable défaut : la jeunesse. C'est pourquoi, et comme encouragement, elle décerne une mention honorable à M. Cardonel, elle aime à penser qu'il voudra lui donner toute sa mesure et, dans d'autres occasions, recevoir un prix qui n'est qu'ajourné.

Messieurs, l'Académie a été heureuse de voir le concours spécial entre les lauréats universitaires abordé par un Mémoire, qui a presque atteint le but qu'elle se proposait en 1855 en fondant le prix. Mais, d'un autre côté, comment ne ferait-elle pas remarquer que deux de ses principaux concours ont été désertés cette année, celui du prix du Conseil municipal et celui du Conseil général ? Doit-elle se plaindre d'elle-même et s'en prendre au mauvais choix de ses sujets ? Elle vous en fait juges, Messieurs. Il s'agissait d'abord des *Sociétés coopératives de production, comparées avec les anciennes maîtrises et jurandes, sous le rapport des causes qui les ont fait naître, de leur constitution juridique et de leur influence sur la liberté du travail.* La science économique a pour elle, aujourd'hui, « les dieux et les vents, » le dieu de la mode surtout, duquel on sait l'empire. Pendant le long silence du pays sur les affaires publiques, elle a été l'asile des penseurs et des publicistes, et chacun sait que, de la théorie, elle est passée sur bien des points à l'application. Les Sociétés coopératives, notamment, ont été l'objet d'une loi spéciale, faite pour aider leur libre expansion, et le champ s'ouvre devant elles. Puissent-elles ne pas démentir les espérances qu'elles ont fait concevoir, puissent-elles être des agents féconds de la liberté du travail, et ne jamais devenir, comme à Sheffield, entre des mains criminelles, les redoutables instruments de tyrannies subalternes !

L'Académie conviait ensuite les hommes de science à une étude sur la vie et les travaux de Pellegrino Rossi. Sans doute, ce n'est pas le diplomate, ni l'infortuné ministre de Pie IX, assassiné à la porte même de la chambre des députés, qui avaient fixé le choix de l'Académie. Elle s'attachait davantage, vu la nature de ses travaux, au jurisconsulte, au professeur de droit constitutionnel à la Faculté de Paris, au criminaliste, au successeur de Jean-Baptiste Say dans la chaire d'économie politique au Collége de France. Il est étrange que personne ne se soit senti inspiré par la vie et l'œuvre d'un homme dont M. Mignet a pu dire : « Rossi a été un théoricien circonspect et un pro-
» fesseur consommé, un législateur conciliant. Il a eu
» plusieurs patries, mais il n'a servi qu'une cause, la cause
» de la liberté réglée par la loi (1).

Oui, Messieurs, cette abstention est à déplorer pour l'un et l'autre concours, parce que, — il nous est permis de le dire, — la sphère d'action de notre Académie dépasse singulièrement les limites de notre province et de notre Midi. Comme, en effet, l'Académie des Sciences morales et politiques ne met pas toujours dans ses programmes de concours des sujets exclusivement juridiques, nous nous trouvons être la seule Académie de législation de France ; et nous le disons, non sans quelque fierté pour l'initiative de cette ville de Toulouse et de nos fondateurs — ; si la modestie, d'ailleurs, est la parure du mérite individuel, elle n'a rien à voir dans l'estime de soi-même, qui

(1) *Notice historique sur Rossi*, lue par M. Mignet à l'Académie des Sciences morales et politiques, le 24 novembre 1849.

sied à une corporation ; — et cependant, nous ne voulons pas jeter un cri d'alarme exagéré, nous espérons que le retour vers les hautes pensées qui se manifeste par tant de signes, que l'attention publique reportée sur les spéculations élevées nous seront profitables, et attireront à nous des hommes désireux de travailler sans que leur esprit flottant soit encore fixé sur un sujet. Nous avons besoin de croire que la patrie de Cujas n'est pas devenue une terre infertile à la grande critique juridique, et que nous ne regrettons aujourd'hui qu'une moisson perdue !

FÊTE DE CUJAS

A L'ACADÉMIE DE LÉGISLATION DE TOULOUSE (1).

I. Compte-rendu des travaux de l'Académie. — II. Rapport sur les ouvrages envoyés aux concours ouverts par l'Académie. — III. Rapport sur le concours entre les lauréats des Facultés de Droit.

Ce nom de *Fête de Cujas* est celui par lequel on désigne, à Toulouse, la séance publique dans laquelle l'Académie de Législation rend compte de ses travaux accomplis dans l'année antérieure et distribue les prix aux concurrents qu'elle en juge dignes. Plus que de coutume, peut-être, cette solennité avait réuni, le dimanche 11 avril dernier, une assemblée nombreuse et d'élite. Pourquoi ne nous serait-il pas permis d'y voir un témoignage de l'intérêt plus vif que la cité palladienne porte à ses sociétés savantes, et la preuve qu'elle veut les aider à grandir, en s'affranchissant du joug de la *centralisation* ?

Trois discours ont été entendus, goûtés et applaudis par un auditoire non moins éclairé que bienveillant. Nous regrettons de ne pouvoir les reproduire dans leur entier : car la Magistrature et l'École s'y sont dignement alliées pour parler avec une grave éloquence de cette belle Science du droit que le public ne voit malheureusement d'ordinaire

(1) Le 11 avril 1869. Cet article a paru dans la *Minerve* de Toulouse (nos de mai, juin et juillet 1869).

que derrière le voile peu flatteur d'un langage barbare ou convenu, et semé, comme à plaisir, de mots techniques ou surannés. Nous pouvons, du moins, en placer quelques fragments sous les yeux de nos lecteurs et en montrer la physionomie générale ; mais en insistant sur la partie critique et spéciale où sont appréciés les mérites des œuvres récompensées. Que si cet article prenait lui-même l'allure du discours, nous serions excusé d'avance, nous aurions cédé à la contagion de l'exemple !

I.

L'Académie a d'abord rendu compte de ses travaux par l'organe de son secrétaire-perpétuel, M. Humbert, professeur à la Faculté de Droit. Bien des sujets divers ont attiré son attention : la séparation de corps (M. Massol) ; le travail libre à Athènes (M. Caillemer) ; la condition des ouvriers à Rome (M. Humbert) ; le préteur pérégrin (M. Rodière) ; la répression du vol d'après les lois anciennes et la jurisprudence du parlement de Toulouse (M. Molinier) ; la surveillance de la haute police (M. Auzies) ; les droits de justice et d'appel (M. Rossignol) ; sans parler d'une multitude de rapports sur les ouvrages transmis par leurs auteurs. Mais on peut affirmer, sans faire tort à personne, qu'aucune de ces œuvres n'est supérieure à l'exposé qui les rassemble toutes et les résume. Il faudrait être soi-même *du bâtiment* pour faire toucher du doigt au lecteur la difficulté vaincue pour tirer de tant de couleurs disparates un tableau harmonieux et plaisant à l'œil. L'art délicat des transitions, trop vanté peut-être par Boileau, trop peu goûté de nos jours par une injuste réaction, est joint ici à la sobre énergie du style et à la force de la pensée. Pourrait-on mieux dire par exemple, et en termes plus condensés, sur la sphère d'action du Droit et sur la mission de l'Académie ?

« La raison universelle proclame que le droit, fondé sur la notion du juste, est la règle de la vie civile ; mais notre cœur nous révèle assez que la charité seule forme le lien des hommes en société. Ainsi, les deux principes de justice et d'amour s'accordent pour constituer l'harmonie parfaite de l'état social.

» La science du droit, tout en reconnaissant l'intime union de ces deux principes, abandonne à l'empire de la morale la direction complète de la liberté humaine sous la loi plus large qui embrasse tous nos devoirs sans distinction. En effet, la jurisprudence, sous peine de s'égarer dans une sphère qui dépasse l'autorité du législateur, doit se borner à régir les devoirs corrélatifs à des droits. Telles sont les obligations que notre illustre Pothier nommait les *devoirs parfaits*, parce qu'ici-bas un sujet actif a le pouvoir d'en exiger l'accomplissement. N'est-ce pas un domaine assez étendu pour le jurisconsulte que celui qui renferme, avec le droit naturel, l'idéal du droit rationnel, et sous le nom de droit positif, les tentatives accomplies par l'homme, dans le temps et dans l'espace, pour se rapprocher de plus en plus du type absolu du juste.

» En creusant le terrain ainsi délimité, le juriste rencontre les racines premières de cet arbre immense, appelé la science juridique. C'est à l'étude de ses nombreux rameaux observés dans l'ordre logique ou historique de leur développement qu'est vouée l'Académie de législation ; c'est vers chacun d'eux qu'elle appelle tour à tour, soit par ses propres travaux, soit par ses récompenses, l'attention des esprits qui conservent, au fond de leur pensée, le culte de la justice. »

Quoi de plus juste et de plus vrai que ces lignes finales dans lesquelles est célébrée la belle et heureuse carrière de lord Brougham, membre honoraire de l'Académie, en même temps que le rôle du législateur est nettement déterminé?

« Enfin, nous avons perdu en lord Brougham un associé qui fut l'une des gloires de l'Angleterre, dans les triples fonctions de la magistrature, du barreau et du ministère. Vers la fin de sa longue et belle carrière, il avait eu le bonheur de réaliser en grande partie, comme ministre, les réformes qu'il avait poursuivies comme chef de l'opinion libérale. Toujours ami de la France et des principes d'égalité civile qu'elle a répandues autour d'elle, il devint l'un des promoteurs de la réforme parlementaire et de l'émancipation des catholiques. C'est que, sans abdiquer l'amour traditionnel des Anglais pour les précédents, et leur sage respect pour l'expérience, il plaçait le juste au-dessus de l'utilité apparente et temporaire, mettant ainsi son idéal plus haut et plus loin que ce droit positif et variable que notre illustre Cujas appelait *jus vagum et inconstans*.

» Pour nous aussi, Messieurs, il nous semble que le législateur ne fait point la loi, il la trouve; il ne la crée pas, il la déclare: ce n'est point un ordre arbitraire, décrété par une puissance purement physique, c'est l'ordre rationnel émané du pouvoir social, et promulgué au nom des principes éternels du juste. En cela, le législateur nous apparaît comme un juge qui, prêtant l'oreille aux préceptes d'un code gravé au fond de la conscience, essaierait d'écrire, sous la dictée de la raison, cet interprète humain de la justice divine, la loi qui n'est au fond que la *formule du droit*. Loin de nous cette maxime étrangère et récente que la *force prime le droit*, concluant ainsi étrangement, pour emprunter la piquante expression d'un grand jurisconsulte, M. Rossi, de *la force de la poudre à la justice du coup de canon.* »

Il appartenait, on le voit, à M. le secrétaire perpétuel

de rendre hommage, au nom de l'Académie, à la mémoire des membres enlevés par la mort ; et il a retrouvé ici la même vigueur de pensée et les mêmes accents d'honnête vérité.

« En MM. Caze et Chauveau, dit-il, l'Académie a perdu deux de ses membres fondateurs, dont elle aimait à s'enorgueillir ; le premier, magistrat éminent, chez qui l'écrivain ingénieux et facile s'associait si heureusement au jurisconsulte et à l'administrateur ; le second, avocat et professeur, dont la verve abondante était encore pleine de jeunesse, et dont la plume infatigable a déposé, dans plus de cent volumes, l'utile fruit de ses immenses et méthodiques recherches ; tous deux placés très haut dans l'estime publique par le renom de leur savoir, et plus encore par leur bonté ; tous deux éprouvés par de longues souffrances ; tous deux victimes d'un dévouement qui ne savait pas compter avec ses forces, et d'une ardeur au travail qui ne connut de repos que celui de la tombe, ils ont laissé du moins à cette Académie, dont ils furent les collaborateurs assidus, avec l'honneur de leur exemple, le souvenir impérissable de leur vertu modeste et de leur excellente confraternité. »

C'est bien ainsi qu'il convient de relever ses morts sur le champ de bataille de la vie ; c'est même la seule manière de les honorer : dire le vrai et rien que le vrai ; ne décerner que des éloges mérités, et ne pas écraser celui qui n'est plus sous le poids de phrases pompeuses et d'hyperboles telles que l'auditeur soit forcé de se demander si on se joue de lui, ou s'il ne serait pas le complice involontaire d'une indécente ironie ?

Parlant ensuite de MM. Troplong et Dalloz, qui appartenaient aussi à l'Académie de législation comme membres honoraires, M. Humbert a trouvé des mots heureux pour caractériser chacun d'eux, en disant du premier qu'on pourrait voir en lui l'*Augustin Thierry* du Droit civil; de l'autre, qu'il lui a été donné de composer en quelque sorte le *Digeste de la Pratique.*

Les passages ci-dessus reproduits suffiront pour donner à tous nos lecteurs le désir de lire en entier ce discours aussi bien fait que pensé. Au surplus, dans la région toulousaine et ailleurs, M. Humbert n'est pas un inconnu : chacun sait que le professeur, lauréat de l'Institut, ancien Sous-Préfet, jette par son enseignement du Droit romain, où la science allemande est unie à la lucidité française, le plus vif éclat sur la Faculté de droit de notre ville : chacun sait aussi que, grâce à son impulsion, une véritable pépinière de jeunes professeurs de Droit a été fondée dans notre vieille école de jurisprudence; et déjà Toulouse est représentée, à la suite du difficile concours d'agrégation, dans les Facultés de Douai, de Grenoble, d'Aix, sans parler de ceux qui sont revenus dans leurs foyers (1). Puissent les autres faire estimer au dehors par leur talent, et faire aimer par leurs qualités sympathiques la patrie absente qui se plaît à leur envoyer son souvenir!

Mais revenons à la *Fête de Cujas.* Un esprit chagrin, peu favorable aux académies — il n'en manque pour aucune, tant humble qu'elle soit! — pourrait trouver un peu maigre le nombre des travaux de nos académiciens. *La Minerve* elle-même hasardait naguère cette critique. « Trop de rapports, disait-elle; point assez de Mémoires » originaux! » Doit-on s'associer à ce reproche? Et faut-il pousser à la fécondité des Académies? Prenons-y garde; leur véritable mission ne serait-elle pas de susciter les efforts d'autrui par les récompenses et la publicité dont elles disposent, et aussi de servir de trait-d'union entre les

(1) Au concours de 1870, le succès des élèves de la Faculté n'a fait que grandir. MM. Paget et Vigié en sont sortis agrégés; l'un avec le n° 2, l'autre le n° 5.

savants des diverses nations, justement par les rapports de leurs membres sur les ouvrages communiqués ? Une Académie trop occupée à entendre la lecture des productions de ses associés, qui en ferait sa nourriture presque exclusive, ne tarderait pas à dégénérer en une insipide association d'admiration et d'encensement mutuels, et la vie se retirerait d'elle. Comme les corps humains, les corps scientifiques doivent s'alimenter au dehors, et ne sauraient vivre de leur propre substance. Aussi, pour notre compte, n'avons-nous jamais accordé grand crédit aux railleries, auxquelles l'Académie française est souvent en butte pour la lenteur de ses dictionnaires. Oui, toutes les Académies sont quelque peu sujettes au péché de paresse : et celle des Inscriptions et Belles-Lettres se hâte tout aussi lentement pour l'Histoire littéraire de France. C'est qu'être des intermédiaires et des juges, voilà leur rôle véritable, leur normale et véritable attribution : tribunaux inoffensifs, justice sans glaive dont les arrêts sont des récompenses, les châtiments des critiques voilées ou le silence prudent ! Ici il faut un travail collectif, des connaissances variées, qu'un seul homme ne peut se flatter de réunir : il y faut la diversité des esprits pour discerner la diversité des mérites ; et, à cet égard, on peut dire que l'Académie de législation, composée de magistrats, de professeurs et d'avocats, forme un excellent jury de concours pour tout ce qui se rattache à la science du Droit. C'est là, pour nous, sa principale raison d'être, et nous allons voir, par les rapports de son secrétaire-adjoint et de son Président, comment elle s'acquitte de cette mission, que lui ont conférée le Conseil municipal de Toulouse, le Conseil général de la Haute-Garonne, et enfin le Ministre de l'Instruction publique (1).

(1) Nous insérons sans peine cette digression de notre collaborateur, parce que nous admettons la divergence des opinions. Cependant nous maintenons la justesse de la critique faite par M. Eloi Chevalier sur le genre un peu trop

II.

Les concours pour les prix fondés par le Conseil municipal et le Conseil général ont trouvé dans M. Bonfils, professeur agrégé à la Faculté de Droit, un rapporteur plein de verve et d'esprit, — chose bien rare en ces matières si ingrates, — et dont le discours est empreint de la personnalité la plus vive comme la plus attrayante. Il nous entretient d'abord de l'ouvrage sur la vie et les travaux de Charles-Salomon Zachariæ, œuvre de mérite ; un vrai livre suscité par le sujet même désigné par l'Académie, et qui a valu une médaille d'or de 400 fr. à son auteur, M. Brocher, professeur de Droit à l'Université de Genève, déjà lauréat de l'Académie.

Les lecteurs ne seront pas fâchés de faire plus ample connaissance avec un vieux savant d'outre-Rhin présenté par un jeune savant français (1).

« Dans une riante vallée de la Saxe Royale, au nord-ouest de Dresde, près des rives de l'Elbe, s'élève la petite ville de Meissen. C'est une de ces cités paisibles et calmes, au sein desquelles la vie s'écoule sans bruit et sans éclat. Aussi serait-elle probablement restée toujours inconnue aux Français, à ces ignorants en géographie comme nous appelle Gœthe, si elle n'avait eu l'heureuse fortune de donner le jour à Hahnemann et à Charles-Salomon Zacha-

exclusif des travaux de l'Académie de législation. Il ne s'agit nullement de supprimer les rapports sur les ouvrages, qui sont en effet très importants ; mais de ne pas leur sacrifier tout le reste, et nous avons trop bonne opinion des membres de l'Académie de législation pour croire qu'ils ne savent que s'admirer et s'encenser réciproquement à la suite de leurs lectures.

(*Note de la rédaction*).

(1) Nous serions impardonnable de ne pas mentionner ici une biographie fort intéressante de *Zachariæ*, publiée à Toulouse par M. Orsier, avocat.

riæ. L'auteur du *Manuel de droit français* y naquit, il y a cent ans, au sein d'une famille protestante. Son enfance n'a donné lieu à aucune de ces légendes dans lesquelles le héros futur s'annonce déjà par des signes extraordinaires. Elle s'écoula paisiblement au sein de la famille. Gâté par son aïeul, corrigé quelquefois par sa mère, Zachariæ atteignit sa quinzième année. »

Vient ensuite le récit de ses premiers pas dans la vie et dans la carrière qu'il devait parcourir avec éclat ; on le suit de l'Université de Leipsig à celle de Wittemberg, où il fut reçu docteur en 1798, et qui le retint comme professeur extraordinaire, et enfin comme professeur ordinaire jusqu'en 1808, quand il accepta une chaire à l'Université d'Heidelberg.

Heidelberg ! Quels souvenirs ce nom réveille chez ceux que leur fantaisie et leur loisir ont amenés dans ce beau pays de Bade, où les hommes sont si gais, les paysages si riants, les forêts si ombreuses ! Heureux Grand Duché, où toute vie n'a pas été absorbée par une capitale égoïste, où la politique et l'administration ont leur centre à Carlsruhe, la religion catholique et le culte à Fribourg, la justice et la magistrature à Mannheim, les hautes études et l'Université à Heidelberg, le plaisir et l'art à Baden, dans ce pli de la Forêt-Noire, où le moraliste se prend à excuser la triste passion du jeu à la vue des merveilles qu'elle a produites ! Oui, trop heureux Grand-Duché, s'il n'avait suspendue sur sa tête l'épée prête à tomber de l'ambition prussienne ! Qui que vous soyez, touriste épris de la nature, archéologue ami des vieux Burgs, poète en quête de légendes, professeur en vacances, vous ne résisterez pas au charme pénétrant d'Heidelberg, et à l'impression profonde de cet entassement de palais détruits par le feu du ciel et des hommes, qui la domine et la couronne !

C'est là, c'est « entre deux croupes boisées plus fières

» que des collines, et moins âpres que des montagnes (1), » que Charles-Salomon Zachariæ enseigna le droit dans toutes ses branches, de 1808 à 1842. C'est dans la vieille et célèbre Université fondée au IVe siècle par l'électeur Rupert Ier, et dont la bibliothèque est riche de plus de cent mille volumes, qu'il poursuivit, pendant trente-quatre ans, ses cours qui ont laissé l'impression suivante au grand romaniste Walter, aujourd'hui professeur à l'Université de Bonn : « Les leçons de M. Zachariæ se composaient de paragraphes très-brefs, mais fortement conçus. On trouvait réunis en sa personne la raideur et le pédantisme qu'il tenait de la philosophie kantienne, avec un esprit profond et une originalité qui allait presque jusqu'au paradoxe, tout en s'appuyant sur une vaste érudition. »

Zachariæ avait été attiré à Heidelberg par le célèbre Thibaut, aussi passionné pour les vieux musiciens et leurs œuvres que pour les vieux textes du *Digeste*, par Thibaut, dont le regrettable Scudo a tracé un bien aimable portrait dans un petit chef-d'œuvre qu'une main pieuse et amie devrait bien éditer et répandre dans le grand public (2). L'un n'eut pas à se repentir du conseil donné, l'autre du conseil suivi, bien que, dit-il lui-même, changer de patrie soit chose grave et dangereuse. Mais, à vrai dire, l'Allemagne, avec l'unité de la langue et l'amour partout répandu de l'étude, a toujours formé, malgré les divisions politiques, comme une patrie commune pour les savants. Aussi Zachariæ fut-il bientôt comme un enfant du pays : il siégea dans les assemblées, et quand il mourut, le 29

(1) Victor Hugo, *Le Rhin*.

(2) *Frédérique*, suite du chevalier Sarti, publiée par la *Revue des Deux Mondes*, la dernière œuvre de cet italien qui écrivait bien le français, savait à merveille l'Allemagne, et dont le nom restera parce qu'il a été comme le créateur d'un genre, le roman musical, où la philosophie, la politique, le tempérament des nations, l'amour, toutes choses enfin, sont rapportées à la musique avec une bonne foi et une passion qui subjuguent le lecteur.

mars 1843, il était comblé d'honneurs par le grand-duc Léopold, qui venait de lui conférer le titre héréditaire de baron de Lingenthal ! Récompense bien chère au vieux docteur ! car c'était là une de ses faiblesses ; et combien de Français, combien surtout de nos compatriotes de la langue d'Oc, seraient bien venus à la lui reprocher ? Hélas ! en faisant un retour sur notre pays, quel professeur de notre Université, fût-il de première classe, pourrait se défendre d'une pensée un peu triste en comparant sa vie à ces belles existences, dont le dévouement à la science est récompensé par le respect sans bornes des disciples, la bonne grâce des puissants de ce monde, la gloire prochaine comme lointaine, et même, car il ne faut rien dédaigner, par les dons plus sonores de la fortune !

Dans cette longue vie scientifique de près d'un demi-siècle, l'écrivain fut encore plus fécond que le professeur. Nous regrettons de ne pouvoir suivre M. Bonfils dans l'analyse des ouvrages de Zachariæ, mais nous ne résistons pas au désir de reproduire la page suivante relative aux *quarante livres sur l'État*, l'œuvre favorite du professeur allemand, parce que cette page est elle-même un parfait modèle de critique souriante et fine, en un seul mot, de critique française :

« L'ouvrage sur l'État est une encyclopédie systématique ; les Allemands ont une tendance naturelle à confondre les diverses branches du savoir humain dans de vastes synthèses, dont le moindre défaut est d'envelopper la science de nuages, et de la cacher sous le voile de l'impénétrabilité. Le *Faust*, dont le bon Eckerman, l'ami de Gœthe, se résigne à admirer, sans le comprendre, le mystère insondable, est le type le plus parfait de ces larges et vagues conceptions. Sans aller aussi loin, Zachariæ n'a pas échappé à cette faiblesse de l'esprit germanique. M. Robert de Mohl, un Allemand, trouve que la doctrine de

Zachariæ n'est pas toujours suffisamment claire et transparente. Son livre fait penser, mais il n'est pas facile de saisir nettement le système de l'auteur. La recherche de l'originalité conduit quelquefois à des expositions maniérées, dont on retrouve les traces dans les principes généraux, dans les énumérations spéciales, et même dans les mots. Ce que l'auteur appelle l'histoire naturelle de l'État n'est au fond que de la statistique, en y faisant figurer la chimie, la mécanique, la biologie; et ces sciences n'y sont introduites que par des jeux de mots et des efforts d'esprit. »

Et plus loin : « Bien des contradictions, des incohérences déparent cette œuvre ; si de lourds traits d'esprit, indignes d'une telle plume, s'y rencontrent quelquefois, on peut relever aussi des observations pleines de malice : Causer, dit-il, est un excellent exercice ; c'est pourquoi les professeurs, les prédicateurs et les femmes atteignent généralement un âge avancé.

» Mais la supériorité de Zachariæ s'affirme par la richesse de ses connaissances, et par l'habileté déployée dans la mise en œuvre de ses nombreux matériaux. Son livre, malgré ses défectuosités, est de la plus haute valeur; si les tendances les plus nouvelles n'ont pu pénétrer complètement l'esprit d'un vieillard, elles n'ont point non plus échappé à son attention. »

Malgré la prédilection de l'auteur pour le dernier venu de ses enfants, l'ouvrage de Zachariæ le plus important pour nous est le *Manuel de Droit français*. Chargé d'enseigner le Code Napoléon, il publia le résumé de son Cours ; nous avons eu ainsi la bonne fortune de voir notre grande loi commentée par un esprit allemand; et, — devons-nous être fiers, faut-il être humiliés? — notre Code nous est revenu de l'autre côté du Rhin plus grand et plus majestueux. Trop portés à le considérer comme une œuvre de pratique journalière, le lisant surtout morcelé et article par article, nous négligions l'ensemble et l'esprit général. C'est à ce point de vue supérieur que Zachariæ nous a replacés en rassemblant les membres dispersés de notre loi civile dans une vaste ordonnance scientifique, dont on pourra critiquer quelques détails, mais dont on ne saurait méconnaître la richesse et la beauté. Il a conquis ainsi droit de cité parmi nous, et s'est donné le titre le plus sérieux à la gratitude nationale. Aussi grande fut la surprise des amis de la science lorsqu'ils virent MM. Massé et Vergé, deux bons esprits cependant, traduire le *Manuel* de Zachariæ en l'accommodant à l'ordre du Code Napoléon, en lui ôtant tout juste son mérite essentiel et son originalité! Ce contre-sens — on ne peut qualifier autrement une semblable erreur — n'était pas à craindre de MM. Aubry et Rau, professeurs à la Faculté de Droit de Strasbourg, placés là, sur le Rhin et en face du pays Badois, comme les intermédiaires naturels de la jurisprudence entre la France et l'Allemagne Ces deux savants, après s'être presque contentés, dans deux éditions successives, du rôle modeste de traducteurs, ont aujourd'hui refondu le *Manuel* de Zachariæ, et n'en ont plus conservé que le plan. Heureux fruits d'une collaboration de plus de vingt années, qui réunit chaque jour deux hommes éminents! ils vont avoir la joie bien rare, peut-être unique, de donner au public la quatrième édition de leur *Cours de Droit civil français*; d'une œuvre absolument scientifique dans le sens le plus austère du mot; d'une œuvre où rien n'est sacrifié à la tyrannie de la pratique; d'une œuvre enfin qui est le plus beau monument élevé dans notre langue à la théorie pure du droit privé (1)!

Si le livre de M. Brocher nous a conduits bien loin de notre région toulousaine, nous y sommes, au contraire,

(1) Depuis que ces lignes ont été écrites, les trois premiers volumes de la nouvelle édition sont publiés.

ramenés par les trois concurrents qui avaient envoyé à l'Académie des Mémoires sur des sujets choisis par eux-mêmes. L'un, de 260 pages in-folio, celui de M. Bladé, avocat à Toulouse, est consacré à des *Études historiques sur l'ancien droit de la Gascogne*. Son laborieux auteur, déjà couronné par l'Académie, a reçu une médaille d'or de 100 fr. ; et il nous offre ce spectacle peu commun de nos jours, celui d'une sorte de Bénédictin vivant à la fois dans le travail et dans le siècle. Aussi, « lorsque le dernier feuillet parcouru, le lecteur ferme le volume et veut recueillir ses impressions, c'est avec effroi qu'il suppute tout ce que ces pages présentent de labeur assidu, de patientes recherches, d'investigations intelligentes, de soins quotidiens et ininterrompus. L'amour désintéressé de la science se trahit dans chaque partie de l'œuvre. C'est avec passion qu'elle a été conçue et exécutée, avec trop de passion peut-être, car on pourrait reprocher à l'auteur de n'avoir pas assez séparé, dans certaines critiques, les erreurs, de la personne même des écrivains qui les ont commises. »

Le rapporteur de l'Académie analyse ensuite les divers chapitres de cette composition, et s'exprime ainsi sur la dernière :

« Enfin, dans une quatrième et dernière partie, les règles du Droit coutumier, puisées aux mêmes sources, sont présentées dans l'ordre adopté par Klimrath dans ses études sur les coutumes. Des détails intéressants abondent dans ces deux parties : les uns, plus propres à satisfaire la curiosité de l'érudit ; les autres, utiles pour une étude historique de l'état social et économique des populations de l'ancienne Gascogne, sous cet ancien régime que quelques personnes se plaisent à regretter, sans le bien connaître. Que penseraient aujourd'hui nos paysans des vallées gasconnes de la défense de détruire les éperviers, ennemis dangereux des basses-cours, mais instruments de chasse et de plaisir pour le seigneur? Les bergers de Bigorre verraient-ils avec joie rétablir le Droit d'*œilhade*, ou les habitants de la vallée d'Azun la redevance de beurre payée à l'évêque de Comminges jusqu'à la Révolution, à l'occasion d'un miracle accompli par saint Bertrand ? L'ancien régime est heureusement loin de nous. Il a eu ses jours de gloire, de grandeur, son utilité relative et momentanée. Mais il consacrait un état de choses contraire à la charité chrétienne, à l'égalité des membres de la grande famille humaine; et la lecture du Mémoire sur le Droit gascon ne le fait pas regretter. »

Viennent enfin deux autres Mémoires qui ont mérité chacun une mention honorable, et qui sont dûs aussi à des hommes de nos pays : l'un, *sur le présent et l'avenir des octrois*, est l'œuvre d'un toulousain, M. Bonnal ; l'autre, *sur le délit de publication de fausses nouvelles*, de M. Boubée, substitut près le tribunal de Lodève, ancien étudiant de notre Faculté de Droit.

M. Bonnal est, lui aussi, un ennemi des octrois, et il s'est enrôlé, comme volontaire, dans cette croisade qui leur a déclaré une guerre sans trève ni merci. Hélas ! je crains bien que le présent des octrois ne continue à être trop prospère et leur avenir trop assuré ; et que, semblables au dieu du poète lyrique, ils ne s'obstinent, poursuivant leur carrière, à verser des torrents d'or dans les caisses besogneuses des villes grandes ou petites ! N'est-ce pas aussi, théorie à part bien entendu, le fond de l'idée de M. Bonfils dans ces lignes pleines de vie et d'intérêt ?

« On l'a dit avec raison : le vice capital, mais aussi au point de vue fiscal, la qualité maîtresse de l'impôt de consommation, c'est sa dissimulation. Il frappe, atteint, dépouille bien des gens qui ne s'en doutent guère. Qu'on leur fasse toucher du doigt le vide incidemment causé dans leur bourse, accru du profit de l'intermédiaire, l'énormité des frais de perception, perte sèche, dépense improductive, et quand cette démonstration aura été comprise, la clameur sera telle que les jours de l'octroi seront désormais comptés.

» Avant d'indiquer comment il faut les remplacer, l'auteur nous donne, et c'est là une heureuse idée, en les groupant par régions, les vœux des conseils généraux. Ainsi renseigné sur les sentiments probables du pays, le lecteur peut étudier, avec le Mémoire, les législations étrangères, celles surtout de la Belgique, de la Hollande, et examiner les divers systèmes proposés pour remplacer les octrois. Il ne suffit pas de détruire, il faut donner aux villes des revenus et édifier un ordre de choses exempt des vices de l'ancien. Des hommes distingués, presque tous membres de la Société d'économie politique, MM. de Lavergne, Clamageran, Horace Say, Boiteau, Dupont White, etc., s'y sont essayés. Notre écrivain se sépare de tous et propose un nouveau système. Il le déclare très-praticable. Qu'il me permette d'en douter un peu. Personnellement, je suis depuis longtemps l'adversaire de l'octroi et verrais avec plaisir sa disparition. Mais mon inimitié ne peut me faire accepter sans examen un remplaçant quelconque; encore faut-il qu'il soit propre au service. Or, est-il raisonnable de vouloir faire abandonner à l'État 36 millions 1/2 sur la contribution mobilière et sur les patentes ? Ne ferait-on pas ainsi supporter indirectement aux campagnes les dépenses des cités ? L'auteur n'a pas remarqué que, si l'État faisait remise aux villes d'une partie de la contribution mobilière mise à leur charge, ce serait, à concurrence de cette somme, les dispenser de participer aux dépenses publiques, tandis que les communes rurales, non munies d'octroi, n'obtiendraient aucun dégrèvement. Les campagnes supporteraient ainsi une part proportionnelle trop forte dans les dépenses générales, et elles contribueraient indirectement aux budgets des cités. »

» Si l'État était en mesure d'abandonner 24 nouveaux millions sur les patentes, 22 millions sur la contribution personnelle et mobilière, on devrait procéder par la voie du dégrèvement sur l'ensemble de la France, sauf aux habitants des villes à s'imposer seuls pour faire face à leurs dépenses. Il ne faut pas remplacer une injustice par une autre. Peut-être eût-il fallu examiner de plus près, au lieu de le rejeter avec dédain, le système proposé par M. Boiteau, l'établissement d'un impôt municipal sur le revenu C'est le seul qui paraisse vraiment conforme au droit : l'impôt payé par ceux au profit et dans l'intérêt desquels il est prélevé. Alors, supportant seul le poids de la gestion de ses édiles, l'habitant des villes se demandera un jour si les résultats obtenus sont proportionnels aux efforts. Alors l'auteur verra renaître cette vie municipale, ce souci des choses de la cité, objet de ses vœux, et que peut seul réveiller l'aiguillon de l'intérêt privé. Malgré les brillantes discussions qui avaient lieu naguère dans l'enceinte du Corps législatif, l'octroi ne touche pas à son heure dernière. Deux causes s'opposent à sa disparition : l'insouciance du contribuable, la difficulté de son remplacement. Ne nous faisons pas illusion, Messieurs, le jour où l'on voudrait détruire l'octroi, il faudrait remanier tout notre système d'impôts. Et, sans désespérer d'elle, je comprends que cette œuvre, délicate à plus d'un titre, fasse reculer nos hommes d'État. »

M. Boubée avait aussi fixé son attention sur un sujet plein d'*actualité*, comme nous disons aujourd'hui, en commentant les lois qui répriment le *délit de publication de fausses nouvelles*. On connait cette disposition exorbitante qui punit la fausse nouvelle, même répandue de bonne foi.

« Chaque journaliste serait tous les jours exposé à une poursuite, si la loi était appliquée dans toute sa sévérité. Lorsqu'on publie une nouvelle, ce n'est pas la sincérité, c'est l'infaillibilité qui est requise! « Eh quoi, Messieurs, s'écrie M. Bonfils, l'erreur n'est-elle pas notre lot à tous? L'infaillibilité requise chez l'écrivain n'est-elle pas aussi forcément imposée au juge? Est-ce donc une loi humaine que celle qui réclame de nous une vertu divine? Ah! je comprends, Messieurs, que l'auteur n'ait pas osé nous dire sa pensée sur cette loi politique. Son esprit logique et droit en aurait condamné les principales dispositions. »

On connaît aussi cette discussion, à propos d'un *Communiqué*, sur le point de savoir si l'affirmation d'un ministre établit la fausseté d'une nouvelle. Ici M. Bonfils se sépare de M. Boubée :

« Je n'admettrai pas non plus que la simple affirmation d'un ministre suffise à établir la fausseté d'une nouvelle. En adoptant cette opinion, M. Boubée a-t-il bien réfléchi à toutes ses conséquences? Distinguera-t-il entre la dénégation du ministre et celle de ses subordonnés, d'un préfet, d'un directeur des contributions, d'un colonel, d'un maire, d'un commissaire de police et d'un garde-champêtre? Et cependant, pour un fait accompli dans la commune, l'infaillibilité du ministre ne s'appuie-t-elle pas sur l'infaillibilité de ces agents inférieurs? Il suffira donc que le plus infime fonctionnaire allègue un fait pour que la réalité en soit établie? Évidemment non. M. Boubée n'a pas envisagé toutes les conséquences du principe par lui adopté, mais il n'a, du moins, délaissé aucune des difficultés de la matière. Si j'ajoute que cette dissertation est écrite dans un style clair, correct, simple et sobrement élégant, que la phrase a généralement cette allure rapide, aimée de l'esprit français, j'aurai, je l'espère, suffisamment indiqué les causes d'un succès, précurseur de nouveaux triomphes. »

III.

Outre ces concours qui lui sont propres, l'Académie doit juger encore les Mémoires qui, dans les Facultés de Droit de l'Empire, ont obtenu la première médaille d'or pour le doctorat, et décerner au plus remarquable un prix fondé par M. le ministre de l'instruction publique. Ce concours offre cette particularité qu'il est, pour ainsi dire, à la seconde puissance, puisque des lauréats seuls sont admis à y prendre part. M. Sacase, président de chambre à la Cour impériale, était chargé, au nom de l'Académie et comme son président, de faire connaître le jugement de cette épreuve unique en France. Le talent littéraire de M. Sacase est bien connu, et il s'est révélé notamment par une longue série de rapports sur les travaux de l'Académie de législation, dont il a été le secrétaire perpétuel pendant treize années. Jamais, on peut le dire, il ne fut mieux inspiré, et son discours est une œuvre d'art accomplie que nous voudrions pouvoir placer sous les yeux de nos lecteurs. Plus d'une fois nous avons entendu parler du dédain prétendu de la magistrature pour la science abstraite du Droit ; plus d'une fois nous avons ouï dire que, si de moins en moins les avocats plaident devant les Cours le *point* et la *question* de droit, le mal doit être imputé en partie à ceux qui les écoutent et qui jugent ! Aussi est-ce avec un vrai soulagement d'esprit que nous avons entendu M. Sacase protester contre la fausse vulgarisation de la science dans les termes les plus éloquents. Après avoir développé cette vérité d'histoire, que la France a recueilli l'héritage juridique de Rome, auquel l'appelaient et son esprit et les qualités de sa langue, le président de l'Académie s'exprime ainsi :

« La France doit donc, sous peine d'un amoindrissement intellectuel et moral, garder intact ce haut privilége d'influer, par son exemple et ses enseignements, sur la marche des Droits et la forme des législations européennes, et tenir constamment élevé le niveau de la science qu'elle a fécondée, et sans laquelle, vraiment, on ne pourrait dire qu'elle a eu toutes les gloires de l'esprit. Cependant, les entraves ne manquent pas pour traverser ce dessein persévérant et sérieux, pour décourager ce souci fécond qui porte encore tant de hautes intelligences à chercher le Droit où il est vraiment, c'est-à-dire dans l'investigation historique et dans la philosophie combinées avec l'étude des textes. Sans parler de ceux qui se consolent de leur ignorance en dédaignant ce qu'ils ignorent, combien, grâce à la facilité des méthodes qui abrégent et résument une science qu'on ne peut s'approprier que par une méditation assidue, considèrent comme un exercice inutile et vain de l'esprit ce travail multiple qui consiste à embrasser le Droit sous tous ses aspects, et lui préfèrent l'usage plus commode de prendre leurs opinions, comme dit Montaigne, *par autorité et à crédit*. C'est là, pour la grande culture scientifique du Droit, un péril qui va chaque jour grandissant. Il en est un autre que je ne veux pas dissimuler. Une école à laquelle ne déplairait pas l'abaissement de l'esprit dans toutes les sphères, caresse, comme un rêve démocratique, la pensée de rendre accessible au plus grand nombre, au risque de la faire déchoir, une science qui, en effet, ne serait qu'une stérile pratique et un art vulgaire, dès qu'on l'aurait séparée de la raison historique qui l'éclaircit et de la raison philosophique qui l'élève. Il faut croire que cette tentative contre le génie français, qui aime les choses élevées, et qui applique aux matières de législation et de jurisprudence, comme à tout, ce bel art de composer et d'écrire, qui est un de ses dons, échouera, et qu'en triomphant d'elle, le Droit conservera parmi nous son charme sévère et sa virile beauté, et qu'il en sera de ses nobles doctrines si appropriées à tous les besoins de la société moderne comme de sa langue, qui, par l'élégance et la vivacité populaire de ses tours, lui a conquis l'universalité. N'y a-t-il pas là, en effet, comme une portion de nous-même et ne devons-nous pas y veiller? Et ne croirait-on pas que c'est pour nous aussi que M. de Savigny a dit que « de toutes les parties de la vie publique, le Droit » civil était celle où la vieille Rome se retrouvait davan- » tage, et que les cœurs des vrais Romains y reconnais- » saient leur patrie. »

Certes, il est légitime que, dans une société démocratique, la science soit vulgarisée dans la mesure du possible, et cela importe surtout pour le Droit, qui saisit l'homme dès avant sa naissance, l'accompagne pendant toute sa vie, et le console à sa mort par cette pensée que sa volonté lui survivra du moins et sera fidèlement exécutée. Que chacun devienne donc par la diffusion des lumières, par la guerre chaque jour plus vive contre l'ignorance, le juge et le maître de ses propres affaires ; qu'à cet effet, des hommes estimables et laborieux composent des sortes de catéchismes juridiques, où seront exposées les notions les plus simples et les plus élémentaires sur l'état des personnes, sur les biens, leur transmission et le recours à la justice ! Mais conservons d'autre part intact le culte supérieur de la vraie science, et ne lui faisons pas l'outrage de la confondre avec cette vulgarisation pratique et terre-à-terre ! Il faut combattre tout aussi bien les utopistes qui pensent que le Droit peut se réduire à quelques formules simples et accessibles à tous, et les empiriques, pour lesquels tout se réduirait aujourd'hui à compter les arrêts conservés dans les recueils. Le monde a déjà supporté de telles expériences, et il n'y a pas à les renouveler. Après la pléiade des grands jurisconsultes romains sont venus, avec le Bas-Empire, des hommes qui n'étaient plus que les *larves* et les *spectres* de leurs devanciers ; et, d'abaissement en abaissement, dès le ve siècle, les juges étaient réduits à chercher dans les écrits du temps classique la règle de leurs décisions. Le tribunal visible était absorbé par un tribunal invisible de cinq juristes choisis, il est vrai, parmi les plus illustres, aux œuvres desquels on avait dû donner force de loi ! Et encore, cent ans plus tard, Justinien dut-il rendre plus simple ce travail trop lourd pour des esprits faibles et ignorants ! Faudrait-il donc arriver également en France à composer un choix d'arrêts parmi ceux qui s'accumulent chaque jour, et à leur attribuer aussi la puissance d'obliger et de dominer, comme la loi, la conscience du juge ? »

Après cette éloquente revendication des droits de la science, M. le président Sacase s'explique sur le mérite respectif des quatre Mémoires soumis à l'appréciation de l'Académie, et qui ont été couronnés ; l'un, par la Faculté de droit de Dijon, *du droit des auteurs et des artistes sur leurs œuvres ;* l'autre, par la Faculté de Caen, sur *le droit de Rétention ;* le troisième, par la Faculté de Douai, sur la théorie de *la date certaine ;* le quatrième enfin, qui a valu le prix à son auteur, M. Calary, par la Faculté de Droit de Paris, *de l'influence de l'insanité d'esprit sur la validité des actes juridiques en Droit romain et dans le Droit français ancien et moderne.* C'est là malheureusement un sujet beaucoup trop pratique. S'il faut en croire les cris d'alarme que poussent parfois les médecins, les maladies mentales ne seraient pas près de diminuer (1). Chaque jour de nou-

(1) Cependant M. le docteur Jules Giraud, Directeur de l'asile de Maréville (près Nancy), l'un des plus grands de France, constate, dans une brochure récemment publiée, une décroissance de la population de cet établissement depuis deux ou trois ans. Il attribue l'accroissement antérieur surtout à une sorte de liquidation de la charité publique pour les aliénés, et au placement de nombreux idiots et épileptiques.

velles aberrations de l'esprit humain viennent confondre notre orgueil et nous remettre en mémoire notre infirmité ; notre génération n'a-t-elle pas la douleur de voir grandir et prospérer ce je ne sais quoi que les initiés nomment *spiritisme ?* Cette étrange folie, qui a sollicité l'attention du corps médical jusqu'en Amérique, la terre des excentricités, cette folie n'a-t-elle pas ses docteurs et ses disciples ; et — chose inouïe et pourtant vraie ! — sa littérature et ses livres, dont plusieurs sont parvenus à leur dixième édition ? (1)

D'un autre côté, le régime légal des aliénés est, en ce moment même, l'objet d'investigations poursuivies en sens divers. Les uns le combattent, en se plaçant au point de vue qu'on pourrait nommer administratif ; ils parlent au nom de la liberté individuelle et demandent des garanties nouvelles pour l'internement dans les maisons spéciales, publiques ou privées. D'autres, sur le terrain du droit civil, étudient les incapacités qui frappent l'aliéné, soit qu'il ait été interdit judiciairement, soit que cette suprême mesure n'ait pas encore été appliquée. Tout récemment encore, l'Académie de législation, et la Sorbonne après elle, entendaient sur ce dernier objet une substantielle et décisive lecture de M. Huc. Mais personne ne pouvait parler de l'aliénation mentale avec plus de compétence que M. le président Sacase, auteur d'un livre sur ce grave sujet. Aussi, comme il sait faire justice des prétentions par trop exclusives de certains médecins aliénistes qui, tout

(1) Le spiritisme ne pouvait manquer de faire son apparition devant les tribunaux ; on peut lire dans le *Droit* du 6 mai dernier une plaidoirie très curieuse de Mᵉ Durier devant les juges de la Seine, où il est question notamment d'un livre spirite, dans lequel est enseignée la manière de faire écrire les esprits, comme nous écrivons nous-mêmes, avec papier, plume et encre. En voici le titre : *Pneumatologie positive et expérimentale. La réalité des esprits, et le phénomène merveilleux de leur écriture directe, par le baron de Guldenstubbé.*

absorbés dans l'observation de la matière, finissent par n'apercevoir qu'elle :

« L'étude de la folie appelle à chaque instant à son aide la psychologie, ou plutôt la médecine mentale est-elle autre chose que la psychologie elle-même unie à la médecine ? Puisque la folie met en relief l'action isolée ou multiple des facultés, on ne voit pas comment l'observateur, qui les juge dans leur force et leur simplicité, serait moins apte à les juger dans leur dégradation et leur ruine. Il y a d'ailleurs ce problème grave et capital de la monomanie qu'on ne peut résoudre, si on ne s'est rendu compte de la manière dont l'intelligence acquiert, garde et combine ses idées. Est-il vrai qu'on puisse dire, en divisant le moi, voilà qui est pour tel organe, voici qui est pour tel autre ? Ou bien n'est-ce que par un effort d'abstraction et pour faciliter l'étude de l'être intellectuel et moral qu'on distingue les facultés entre elles, mais qu'en réalité l'âme est tout entière en tout et ne se divise plus guère dans son exercice que dans son essence. »

Et plus loin, après avoir rappelé les erreurs des anciens et de nos pères sur le délire divin et démoniaque, M. Sacase fixe en ces termes l'état actuel de la médecine mentale, dont les progrès ont ébloui parfois les adeptes :

« De nos jours, on a substitué à une notion vague et concrète de la folie une notion analytique et précise. Tel est le vrai progrès accompli, mais qui n'est point encore *gigantesque*, comme dit l'auteur du Mémoire. Grâce à cette méthode, qui consiste à sonder cette grande infirmité avec l'œil du philosophe aussi bien qu'avec celui du médecin, la science s'éclairera de plus en plus, et les tribunaux accepteront avec plus de confiance ses résultats. »

Enfin, dans un morceau achevé, le président de l'Académie combat avec une émotion et une énergie communicatives le *fatalisme* de la passion ; il réduit à néant ce sophisme subversif de toute société, auquel des hommes de talent n'ont pas craint de prêter leur plume dans des romans beaucoup trop lus, ce sophisme qui ferait, par une étrange égalité des rôles, de tout criminel une autre victime, et de « *un vulgaire assassin, un lâche incestueux*, » je ne sais quel nouvel Œdipe irresponsable et le jouet des Dieux.

« On ne peut pas, dit l'auteur du Mémoire, maîtriser toujours un mouvement passionné. » Prenons garde d'agrandir la part de la *fatalité* au sein de l'existence humaine : ce qu'il y a de vrai, c'est que chez celui qui possède l'équilibre des sensations modérées et la santé des facultés actives, ce mouvement n'est guère à prévoir. Mais à celui-là comme à tous, s'applique cette haute pensée du Phédon : « De toutes les choses qui sont dans l'homme, ne trouves-tu pas que l'âme est la seule qui commande, surtout quand elle est sage ? » Donc ce mode passif de l'âme, dans lequel la passion, prenant le dessus, brise la volonté ou l'endort, n'est point fatal et nécessité. Entre l'homme en délire et l'homme passionné, il y a plus d'une analogie, la chose est certaine, mais il n'y a pas identité. L'homme passionné sent la pensée lui échapper, véhémente, rapide, presque incoërcible ; toutefois il la sent, et sa volonté, après un moment de langueur, peut ressaisir les rênes, et, par une résolution vive et forte, réagir contre la passion pour la détourner ou l'amortir. Rien n'est irrésistible dans la passion, ni les sentiments, ni les actes. Dans la folie déclarée, au contraire, il n'y a ni empire de soi, ni pouvoir personnel ; l'homme est incapable de lutte et d'effort ; en lui l'âme agit involontairement, et, comme dit Montaigne, *sans son congé*. Pour résumer d'un mot, il faut dire qu'en elle-même la sensibilité est fatale, mais que dans son rapport avec la volonté, elle se prête à être gouvernée par elle. »

Tel est le résumé des trois discours prononcés dans cette séance solennelle de l'Académie de législation, et l'on ne sait ce qui doit le plus frapper, de la variété des sujets ou de leur élévation. En tout cas, on doit féliciter l'Académie de n'être ni endormie dans le passé, ni trop engagée dans les luttes et les préoccupations du jour, ni cantonnée dans les intérêts et les hommes locaux, mais tout au contraire de rayonner, d'avoir l'œil à tout et partout, d'affirmer ainsi sa vitalité et de fortifier par là sa juste renommée. La journée du 14 avril a été bonne pour elle. Les délicats ont goûté cette satisfaction, beaucoup trop rare, d'entendre la science même s'élever à l'éloquence ; tel est le tour de l'esprit français, qu'il ne saurait accepter aucune vérité, si on ne la lui présente, en dépit de la vieille mythologie, couverte d'un riche manteau. Nous sommes toujours un peuple ami du parler et du bien parler, comme nos ancêtres les Gaulois ; et, soit qu'on chante un héros, soit qu'on nous ouvre le « livre des temps, » soit qu'on déroule à nos yeux le spectacle de la nature, soit enfin qu'on nous initie aux mystères de la science, nous sommes toujours sensibles à la beauté de la forme, à l'art d'écrire et d'exposer, à *l'ars quædam docendi* de Cicéron, et volontiers nous ne donnons audience qu'aux choses bien pensées et bien dites.

ÉTUDE

SUR

L'OUVRAGE DE M. AUZIES

CONSEILLER A LA COUR IMPÉRIALE DE TOULOUSE,
MEMBRE DE L'ACADÉMIE DE LÉGISLATION,

CONSACRÉ A LA

SURVEILLANCE DE LA HAUTE POLICE[1]

Le duc de Montesquiou Fézensac, dont la longue vieillesse s'éteignait, il y a quelques mois seulement, lorsqu'il voulut écrire l'histoire de son régiment pendant cette retraite de Russie, à laquelle lui-même devait survivre plus d'un demi-siècle, plaça son récit sous la protection de quatre vers de l'Énéide ; et son inspiration a été trouvée noble et belle par les meilleurs juges, par M. Sainte-Beuve, pour n'en citer qu'un :

Illiaci cineres, et flamma extrema meorum,
Testor, in occasu vestro nec tela, nec ullas
Vitavisse vices Danaum, et, si fata fuissent
Ut caderem, meruisse manu...

« Cendres d'Illion, ruine dernière des miens, vous m'en » êtes témoins, dans cette chûte suprême, je n'ai évité ni

(1) Cet article a paru dans le *Journal de Toulouse*, nº du 9 mai 1869.

» les armes des Grecs, ni les dangers : et si mon sort eût » été de tomber, vous êtes témoin que je l'eusse mérité. »

C'est encore à Virgile, et avec non moins de bonheur, que M. Auzies a emprunté l'épigraphe de ses « *Études sur la surveillance de la haute police*, » qui viennent de paraître après avoir été lues à l'Académie de législation :

« Vestibulum ante ipsum, primisque in faucibus Orci,
» Luctus et ultrices posuere cubilia curæ ;
» Pallentesque habitant morbi, tristisque senectus
» Et metus, et malesuada fames, ac turpis egestas. »

« Avant le vestibule, à la bouche même de l'Enfer, le » deuil et les remords vengeurs ont posé leur demeure ; » là aussi habitent les pâles maladies, la triste vieillesse, » et la peur, et la faim, conseillère du mal, et la misère » honteuse. »

Oui, c'est bien cela, c'est bien la faim qui pousse au crime, c'est bien la misère trop souvent méritée, qui attendent le condamné après sa peine subie, le *libéré*, à son retour dans la société, et font courir à celle-ci le danger des récidives. Comment faire pour concilier les deux intérêts, celui de l'individu qui a payé sa dette au châtiment, et devrait pouvoir commencer une nouvelle existence, et celui de nous tous, innocents de son délit, qui le repoussons d'instinct, et ne savons pas oublier sa flétrissure ? Cette situation a été *dramatisée*, voilà quelques années, par un grand écrivain, dont l'œuvre est singulièrement partiale et injuste. M. Victor Hugo, dans ses *Misérables*, a épuisé l'effort de son génie contre la Société, lui imputant tout le mal, et la condamnant contre toute vérité avec une insouciance de poète. D'autre part, poussé par le goût de la thèse et de l'antithèse, qui le domine par trop, il a tracé la plus complaisante image de celui qu'il nous fait appeler criminel, le parant des plus belles vertus, et nous donnant à admirer et à plaindre l'honnête voleur, et l'héroïque forçat. De tels livres n'avancent pas les choses, et ne hâtent pas la solution du redoutable problème.

En attendant cette solution, on s'est avisé, dès le commencement du second Empire, d'un de ces remèdes extrêmes qui guérissent le mal en supprimant sa cause, et la loi du 31 mai 1854 a organisé la transportation, pour remplacer les bagnes, avec interdiction de retour en France pour tout condamné à plus de huit ans de travaux forcés. C'est tarir en partie la source des libérations et des récidives, mais à quel prix? Et le remède ne deviendra-t-il pas pire que le mal? Que dire d'une peine dont personne ne se fait et ne se peut faire une juste idée, que ne connaît pas le législateur qui l'édicte, le juge qui la prononce, le condamné qui va la subir, le peuple qui l'entend infliger? D'une peine qui est, peut-être, horrible et démesurée pour le coupable prêt au repentir, nulle au contraire et même désirable, comme l'espoir d'une vie et d'aventures nouvelles, pour l'être incorrigible et endurci? D'une peine enfin, que l'insalubrité du climat de Cayenne pourrait faire confondre avec la mort lente et déguisée? Un pays peut-il être longtemps en sécurité avec un système de pénalités reposant sur une telle base? Si toutes choses en France n'étaient soumises à la tyrannie de la mode et au courant du jour, l'opinion publique serait déjà émue, on se demanderait pourquoi tel malfaiteur a paru prier le jury de s'abstenir en sa faveur de circonstances atténuantes, pourquoi tel autre a déclaré nettement préférer Cayenne, l'inconnu, à la Maison centrale, et quelles sont les idées que cela révèle dans certaines couches de la population? N'oublions pas que l'Angleterre a usé, comme nous en ce moment, de la transportation pure et simple, qu'un jour le Parlement, ému par des plaintes nombreuses, a fait une grande enquête, et qu'alors, chose incroyable! on apprit que des crimes capitaux avaient été commis pour avoir le passage gratuit de la Métropole en Australie ! On a mis la leçon à profit, et aujourd'hui les *convicts* sont retenus pendant un temps d'épreuves sur le territoire, et la transportation leur apparaît comme un bienfait éloigné et incertain.

Au surplus, que l'exécution de la peine des travaux forcés demeure ce qu'elle est ou qu'elle soit modifiée, nous aurons toujours des libérés, ceux qui sortent des prisons, des maisons centrales ; et qu'en faut-il faire ? se demande M. Auzies, après avoir constaté que le mal s'aggrave chaque jour, et qu'il y a nécessité d'aviser :

« Je ne sais s'il se rencontrera de notre temps un homme » d'assez d'intelligence, de cœur et de volonté, pour appli » quer exclusivement sa pensée à deviner cette énigme » redoutable. Ce rôle d'Œdipe, en face d'un nouveau » sphinx, pourrait bien stimuler une généreuse ambition, » car il ne serait pas sans gloire. Mais si la solution d'un » tel problème ne peut être que le résultat du labeur de » tous ; si la société mise en péril ne doit attendre son » salut que d'elle-même ; et si, dès lors, chacun de ses » membres y doit participer dans la mesure de ses forces, » ma seule prétention est d'apporter à cette œuvre com- » mune ma part d'expérience et de patientes recherches. »

C'est surtout par la surveillance de la haute police que la société se défend aujourd'hui ; quel est l'état actuel de cette institution, quelle est sa portée ? C'est ce que veut examiner le savant magistrat, en s'éclairant à la triple lumière de l'histoire, de la législation et de la jurisprudence.

I.

On ne pourrait trouver chez les Romains ou dans notre ancien Droit que des analogies très-vagues avec la surveillance de la haute police. La chose et le nom ne se sont introduits définitivement dans nos lois que par le Code pénal de 1810. Il l'appliquait quelquefois d'une manière principale et sans autre châtiment, le plus souvent comme pénalité accessoire devant commencer à l'expiration de la peine principale : c'est ainsi que les condamnés aux travaux forcés à temps, à la réclusion, y étaient assujettis pour toute leur vie, et certains récidivistes, coupables seulement de délits, pour cinq à dix ans. Quant aux effets, ils diffèrent suivant que le libéré n'a pas trouvé ou a pu trouver quelqu'un qui cautionne sa bonne conduite, avec l'agrément de l'administration, et s'engage à payer une somme déterminée en cas de rechute :

« Le gouvernement avait le droit de faire arrêter et de » détenir, par un acte de sa volonté propre, en d'autres » termes, sans jugement préalable, le condamné qui, » n'ayant pas fourni de cautionnement, n'avait pas obtem- » péré davantage à l'ordre qu'il avait reçu de s'éloigner de » certaines localités ou de fixer sa résidence continue dans » un lieu déterminé. La durée de cette détention admi- » nistrative pouvait égaler le temps fixé pour la surveil- » lance elle-même, par conséquent, embrasser toute la » vie du condamné quand la surveillance était perpétuelle, » ce qui avait lieu dans la plupart des cas.

» Au contraire, celui dont une caution solvable avait » garanti la bonne conduite obtenait sa liberté. Mais si, » dans l'intervalle déterminé par l'acte de cautionnement, » il avait été condamné par arrêt ou jugement devenu » irrévocable pour un ou plusieurs crimes ou délits, les » cautions étaient contraintes, même par corps, au paie- » ment des sommes fixées par leur engagement. »

Ainsi, liberté parfaite du libéré dont on a accepté le cautionnement, servitude presque absolue du non-cautionné, puisqu'on fixe sa résidence, et qu'en cas de désobéissance il peut être détenu pendant toute sa vie, si la surveillance est elle-même perpétuelle ! Aucune sécurité contre l'un, souvent le plus dangereux, abus criant de précautions contre l'autre ! Et puis, il faut bien le dire, cet emprisonnement administratif indéfini était une véritable monstruosité, dans l'acception scientifique du mot, une disposition contre nature.

Les protestations ne tardèrent pas à se faire jour sur ce point là comme sur d'autres de notre loi pénale. La Restauration donna un commencement de satisfaction à ce nouvel esprit en 1824, mais la monarchie de Juillet devait accomplir, par la loi du 28 avril 1832, la première grande réforme des lois criminelles de la période impériale.

Toutefois, ne soyons pas ingrats envers les Codes de 1808 et de 1810. Si, comparés aux lois du droit intermédiaire, ils furent une œuvre de réaction, ils ont du moins assuré le triomphe définitif d'un état de choses incomparablement supérieur à celui de l'ancien régime. Dans un livre qui fut comme une révélation, M. de Tocqueville a montré que nous sommes, plus que nous n'étions disposés à le penser, les héritiers de l'ancienne monarchie dans tout ce qui touche à la centralisation administrative ; mais du moins, pour le système répressif, notre instinct n'était pas en défaut, et c'est bien un abime qui nous sépare des errements antérieurs à la Révolution (1).

(1) Le lecteur qui serait curieux d'apprécier au juste le mérite de cette assertion, pour ce pays même, peut se reporter à une brochure qui vient de paraître : *La répression du vol d'après les lois anciennes et la jurisprudence du Parlement de Toulouse*, par M. Molinier, le si savant et si universellement estimé professeur de Droit criminel à notre Faculté. Là sont rapportés des faits qu'on se refuserait à croire, s'ils n'étaient certains ; on y lit notamment l'affreux récit de la mort, en 1717, d'un pauvre orfèvre Marc Bermon, dans les souffrances de la torture, abolie, il est vrai, par Louis XVI comme moyen de preuve antérieur à la condamnation. Du reste, rien n'égale la candeur avec laquelle les auteurs spéciaux qui écrivaient à la veille de la Révolution, comme Muyart de Vouglans, disent, par exemple, des « énormités » comme celles-ci : « Il y

La loi du 28 avril 1832 fit disparaître du Code pénal tout ce qu'il renfermait d'*impitoyable*. La marque, la section du poignet droit infligée au parricide furent supprimées, les articles relatifs à la confiscation générale définitivement chassés, les circonstances atténuantes largement développées. Pour la surveillance, elle ne fut plus guère qu'un amoindrissement du droit de locomotion. Le cautionnement de bonne conduite disparut, le gouvernement put interdire aux condamnés la résidence de certains lieux. Hors de là, le libéré choisit sa résidence avant sa mise en liberté ; il reçoit une feuille de route qui règle son itinéraire, et, pour changer de résidence, il doit se faire délivrer une nouvelle feuille. S'il désobéit, et c'est ici le principal progrès qui survivra à toutes les crises, il ne sera plus indéfiniment enfermé et mis comme hors la loi, mais il se rend coupable d'un délit spécial, le délit de rupture de ban, puni par les tribunaux correctionnels d'un emprisonnement qui ne pourra excéder cinq ans.

Ainsi les lois étaient grandement adoucies, et, nous apprend M. Auzies, « le gouvernement, de son côté, n'hésitait pas à recommander à ses agents d'apporter dans leur exécution plus de prudence que de zèle. C'est ainsi que le ministre de l'intérieur, préoccupé de la situation des condamnés soumis à la surveillance de la haute police, écrivait le 8 juillet 1833 :

« Les condamnés doivent être dispensés à l'avenir de » toutes ces mesures de police qui, en donnant au fait une » véritable publicité, les frappaient d'une sorte de répro-

» a cinq sortes de condamnations à mort naturelle qui sont usitées parmi nous : » la première est celle d'être écartelé, la seconde est celle du feu vif, la troi- » sième est celle de la roue, la quatrième celle de la potence, et la cinquième » celle de la teste tranchée. » Le plus fort, c'est que ces peines étaient quelquefois géminées, c'est-à-dire appliquées ensemble au même condamné, comme s'il avait eu à disputer plusieurs vies au bourreau. Le modèle du genre est l'arrêt de condamnation de Damiens souvent cité.

» bation universelle et les mettaient dans l'impossibilité
» d'amender leur conduite. Ils ne seront donc plus assu-
» jettis à se représenter à des époques périodiques, comme
» on leur en avait imposé l'obligation dans certaines villes.
» Il faut qu'ils soient toujours connus de l'administration,
» mais qu'ils restent inconnus du public... »

» Certes, on peut le dire, jamais loi plus douce ne fut interprétée avec plus de bienveillance, ni plus modérément appliquée.

» Mais, tandis que tous les pouvoirs, réunis à cette époque dans une pensée commune, s'efforçaient, chacun dans sa sphère, d'apporter à la situation des libérés de nouveaux adoucissements et se préoccupaient aussi de leur avenir dans le but de l'améliorer, comment ceux-ci répondaient-ils à leur tour à tant de sollicitude? On voudrait pouvoir attester qu'il y eut alors dans les mœurs et les habitudes de ces hommes un changement ou un progrès. Mais il est, paraît-il, des natures perverses qui répugnent essentiellement au bien, et dont la haine instinctive contre la société demeure toujours implacable. Telle est, du moins, la désolante pensée qui saisit l'esprit au spectacle des meilleures institutions aux prises avec le mal qu'elles sont impuissantes à détruire.

» Il en fut ainsi de la surveillance de la haute police modifiée par la loi de 1832. Les libérés ne se servirent des facilités qu'elle leur accordait que pour commettre de nouveaux méfaits, et réaliser de plus coupables desseins.

» Ainsi, toutes les prévisions étaient déjouées, toutes les espérances déçues; et il demeura malheureusement établi qu'après, comme avant les réformes nouvelles, le problème à résoudre restait encore menaçant et toujours mystérieux. »

C'est pourquoi deux pairs de France firent en 1844 une proposition dont le but était de revenir au système de

1840, quant au droit pour le gouvernement de fixer au surveillé le lieu de sa résidence : et ce n'était que l'écho des vœux de plusieurs conseils généraux. La question s'agrandit par la force des choses, et embrassa tout le système pénitentiaire. Les Académies s'en occupèrent, les Cours furent officiellement consultées ; enfin, un projet de loi fut présenté à la Chambre des pairs, le 24 avril 1847, par M. Bérauger (de la Drôme), l'un des jurisconsultes les plus versés dans ces matières et l'un des philanthropes les plus actifs de cette époque, où des hommes considérables partaient pour l'Amérique afin de voir, d'expérimenter même dans la mesure du possible, et de juger un système d'emprisonnement cellulaire.

Mais, continue M. Auzies :

« Il n'était pas dans les destinées de ce gouvernement » d'accomplir le grand œuvre qu'il avait préparé. Pendant » qu'il s'occupait ainsi des intérêts du pays et qu'il s'ap- » pliquait à le préserver à l'avenir de nouvelles secousses, » lui-même était renversé par une révolution soudaine ; et » la France étonnée apprit, le 24 février 1848, que d'au- » tres hommes étaient chargés provisoirement de veiller à » la garde de son repos et de ses libertés.

» Ce n'était pas alors le moment de s'occuper du » régime pénitentiaire. L'heure était passée des fécondes » discussions et des paisibles réformes Comme ce person- » nage d'une tragédie immortelle, la nation éplorée pou- » vait s'écrier en de telles conjonctures :

Un soin bien différent me trouble et me dévore.

» Il fallait, sans regarder derrière soi, courir aux ennemis » de tout ordre et protéger contre d'incessantes attaques » les fondements ébranlés de la société. Ce fut l'œuvre des » honnêtes gens, résolus cette fois à regarder en face

» l'anarchie menaçante pour en conjurer le péril. Avec » cette admirable spontanéité, qui est le propre du génie » français quand il est en possession de lui-même, ils » prirent leur part de responsabilité dans les événements » politiques de ce temps, et leur intervention courageuse » devint le salut de tous. »

II.

Les choses restèrent là jusqu'au décret-loi du 8 décembre 1851, qui est venu régir à nouveau la surveillance de la haute police.

Le gouvernement reconquiert d'abord le droit de fixer le lieu dans lequel le condamné devra résider, sa peine subie ; il s'interdit à lui-même de choisir Paris et sa banlieue. De plus, les surveillés doivent s'en éloigner dans le délai de dix jours à partir de la promulgation du décret. Jusqu'ici, ce n'est guère qu'un retour au système de 1810. Mais, en outre, les condamnés pour rupture de ban, les surveillés qui n'auront pas quitté Paris dans les dix jours, les condamnés pour société secrète, pourront être transportés, par mesure de sûreté générale, pour cinq ans au moins et dix ans au plus, dans une colonie pénitentiaire, à Cayenne ou en Algérie, et seront, pendant cette transportation, privés de leurs droits civils et politiques.

Certes, voilà de sévères dispositions, si sévères même qu'on aurait pu craindre de voir l'intérêt et la pitié se retourner, et passer du corps social, anonyme et immense, au misérable emporté à travers l'Océan. « Quelle peine, en réalité, fut jamais plus rigoureuse ? et de quel nom faudra-t-il donc appeler le supplice des transportés à partir du moment où, sous le poids d'une discipline nécessairement inexorable, ils traversent péniblement la vaste étendue des mers qui les sépare de la patrie, jusqu'au jour où, jetés sur une plage brûlante, ou bien relégués dans la profondeur des terres, ils n'ont d'autre perspective que la torture d'un long exil dont la plupart ne verront pas le terme?

» Je sais bien que cette mesure n'est que très-rarement appliquée, et qu'en définitive elle n'atteint que des individus incorrigibles qui se font un jeu cruel de jeter le trouble dans le pays, et dont la libération, après l'expiration de leur peine, est une source de nouveaux dangers. Mais n'est-il pas vrai que, dans un grand nombre de cas, la surveillance de la haute police peut être infligée à des individus encore purs d'antécédents judiciaires? Et s'ils ont rompu leur ban dans un moment d'égarement ou d'oubli, ne sont-ils pas, à l'égal des récidivistes les plus audacieux, exposés à subir, en vertu du décret, une transportation douloureuse, et à se voir, pendant cinq ou dix années, exclus d'une société dans laquelle ils devraient pouvoir vivre encore après une première faute suffisamment expiée? »

Cependant, ce n'est pas tout encore, et nous avons dans nos codes une loi plus implacable, celle du 9 juillet 1852, qui est même entachée du vice de rétroactivité. Le séjour du département de la Seine et des communes formant l'agglomération lyonnaise peut être interdit administrativement pour deux ans aux personnes non domiciliées et condamnées, depuis moins de dix ans, à l'emprisonnement pour rébellion, mendicité, vagabondage, ou à un an de la même peine pour *coalition*. Le même séjour peut être interdit à ceux qui n'ont pas, dans les lieux sus-indiqués, de moyens d'existence, et l'interdiction peut être renouvelée.

Toute contravention est punie d'un emprisonnement de huit jours à un mois, avec faculté pour le tribunal de prononcer la surveillance de la haute police pendant un an au moins et cinq ans au plus. En cas de récidive, l'emprisonnement est plus long et la surveillance forcée.

Laissons la parole à M. Auzies pour l'appréciation de cette loi :

» On ne peut, à la lecture de telles dispositions, se
» défendre d'un sentiment de tristesse, car il n'est pas
» besoin de longues méditations pour apercevoir immédia-
» tement ce qu'elles ont de défectueux ou d'exorbitant.
» Sans reproduire, en effet, les justes critiques dont elles
» furent l'objet pendant la discussion, qui ne voit, au pre-
» mier coup d'œil, qu'elles réduisent le rôle des tribunaux
» à sanctionner purement et simplement les décisions admi-
» nistratives dont l'erreur serait manifeste? Qu'elles ne
» s'inquiètent, en aucune façon, du principe tutélaire de la
» non-rétroactivité des lois, puisqu'elles atteignent des
» individus dont les condamnations remonteraient à onze
» ans en arrière, qu'enfin elles semblent donner une nou-
» velle vie au délit de coalition qui, grâce à des modifica-
» tions ultérieures, a presque entièrement disparu de nos
» codes? Et pourtant, il faut le reconnaître, cette loi,
» malgré ses dispositions restrictives, ne rencontrait par-
» tout, au sein du pays, qu'une immense approbation.
» Comme il avait applaudi naguère au décret du 8 dé-
» cembre 1851, il trouvait bon qu'on le protégeât à
» l'avance contre les périls d'une anarchie qu'il croyait
» toujours menaçante : si bien que le gouvernement, dési-
» reux de garder, en toutes choses, une sage réserve, avait
» plutôt à contenir qu'à stimuler l'opinion publique dont
» les entraînements, s'il eût eu l'imprudence de s'y livrer,
» l'auraient jeté dans la voie toujours périlleuse des réac-
» tions. »

Et plus loin, après avoir reproduit ces lignes célèbres, dans lesquelles Tocqueville a si bien représenté notre caractère national :

« Je disais, en appréciant le décret du 8 décembre 1851,
» qu'il devrait être soumis à des modifications profondes.

» Mais, en ce qui touche la loi du 9 juillet 1852, j'ose » émettre le vœu d'une abrogation pure et simple.

» Que dans des temps mauvais, alors qu'une multitude » en délire, pour emprunter le langage du poète :

» Livre les Dieux proscrits aux rires populaires,
» Ou traîne dans la *boue* le buste des Césars, »

» qu'à ces moments terribles on voile la statue de la » Liberté, c'est une cruelle extrémité que la nécessité com- » mande peut-être et que justifie, sans doute, un intérêt » suprême de conservation et de défense. Mais, quand l'ordre » règne, quand les magistrats sont obéis, pourquoi laisser » encore dans nos codes les traces visibles de nos dis- » cordes et de nos malheurs ? C'est l'heure, au contraire, » du retour aux principes du droit commun qui, seuls » mieux que toutes les lois d'exception, peuvent sauve- » garder la société sans infliger au pays de douloureux » sacrifices. »

Est-il besoin de signaler le noble accent de cette belle page, et d'en faire aimer le patriotisme véritable, celui qui ne se plaît pas au dénigrement et aux récriminations stériles, mais qui voudrait, au contraire, voir se fermer les plaies du pays, et les cacher du moins sous un voile, comme le fils pieux couvre d'un manteau la honte de son père !

III.

M. Auzies nous entretient ensuite de la loi du 13 mai 1863, la seconde grande réforme du Code pénal, qui en a modifié soixante-cinq articles. La Statistique, très en faveur depuis quelques années, avait, paraît-il, démontré l'insuffisance de l'œuvre de 1832, et M. de Gaujal, premier avocat général à la Cour de Paris, s'était fait, dans un discours de rentrée, l'écho des plaintes de la Chancellerie quant à l'application des circonstances atténuantes par les tribunaux correctionnels. Y avait-il lieu vraiment de s'alarmer et d'accuser les juges de faiblesse? Il serait bien téméraire, même statistiques en main, de se prononcer sur des questions si complexes, et qui embrassent tant de cas particuliers et divers. Si cependant chacun regarde autour de lui, il semble que les grands crimes plutôt seraient punis mollement, que les jurés se laissent toucher volontiers, et accordent facilement le bénéfice des circonstances atténuantes; il semble, au contraire, que les petites infractions sont sévèrement atteintes, et que l'emprisonnement est presque prodigué. Il n'en faut accuser personne, et le tort est celui de tout le monde. Nous ressemblons à ce père de famille, que sa faiblesse empêche de réprimer, comme il faudrait, les écarts graves de son enfant, mais qui se *rattrape* et se remet en règle avec sa conscience en corrigeant sans mesure les fautes vénielles.

Quoi qu'il en soit, la loi nouvelle, en ce qui concerne la surveillance, a fait cesser l'arbitraire d'une jurisprudence peu conforme aux textes dans la récidive de crime à délit; mais, d'autre part aussi, elle a laissé indécise dans sa rédaction, sinon dans l'esprit des législateurs du moment, la question de savoir si, en cas de récidive, le juge peut dispenser de la surveillance par l'admission des circonstances atténuantes. C'est pour ce dernier parti, le plus favorable, que se prononce avec raison, croyons-nous, M. Auzies, et il dit :

« Cette interprétation ne sera peut-être pas accueillie par les adeptes de la nouvelle école, aux yeux de qui toute indulgence est pauvreté d'esprit, si même elle n'est pas le signe d'une irremédiable faiblesse. Mais quand on n'a pas autour de ses reins ce triple airain qui fait les audacieux et qui confond les sages, *robur et æs triplex*, on doit être excusable de juger humainement les choses humaines, en invoquant la maxime célèbre qui fit un jour tressaillir tout un peuple parce qu'elle était au fond de toutes les âmes :

Homo sum, humani nihil a me alienum puto. »

Nous regrettons de ne pouvoir suivre notre savant guide dans l'examen détaillé de la loi de 1863, et nous renvoyons le lecteur à une dissertation approfondie sur la tentative où se trouve, une fois de plus, démontrée cette vérité que le crime tenté doit être moins puni que le crime consommé. Il examine ensuite, d'une part, les diverses atténuations de pénalité de cette même loi dans leur rapport avec la surveillance de la haute police, et, d'autre part, au même point de vue, les aggravations et incriminations nouvelles.

Enfin, après un regret donné au système de 1832 sur les circonstances atténuantes, qui laissait au juge correctionnel la plus grande latitude, tandis qu'aujourd'hui il ne peut descendre, selon les cas, au-dessous de six jours d'emprisonnement, diverses questions générales relatives à la surveillance sont abordées et résolues. Avec la Cour de Cassation, M. Auzies décide notamment que la surveillance temporaire ne court pas pendant l'exécution d'une peine nouvelle prononcée pour un délit nouveau, mais qu'elle court, au contraire, pendant la détention préventive ; que le délit de mendicité l'entraîne toujours contre l'opinion de plusieurs Cours impériales et de M. Dupin, sauf cependant le droit du juge d'en affranchir, par la déclaration des circonstances atténuantes, le mendiant qu'il croit digne de cette faveur. Avec M. Antoine Blanche, avocat-général à la Cour de Cassation, M. Auzies pense également que la prescription de la peine non subie entraîne celle de la surveillance en matière criminelle et correctionnelle. Ceci paraît souffrir bien des difficultés. Que la prescription couvre les peines corporelles, qui s'exécutent matériellement, et leurs conséquences immédiates, comme l'interdiction légale, lorsque le condamné s'y soustrait pendant de longues années, rien de mieux. Mais des incapacités comme la mort civile, quand elle existait, comme la dégradation civique et la surveillance de la haute police, semblent échapper par leur nature,et parce qu'elles sont négatives plutôt que positives, à cette action du temps, qui sert de base à la prescription.

IV.

Nous avons suivi comme pas à pas ce travail bien intéressant sur un sujet bien aride, et, par les extraits mis sous ses yeux, le lecteur peut en juger et l'esprit et le ton. Pour nous, nous ne saurions dissimuler le plaisir que nous a causé cette lecture. Tout nous plaît de ce petit ouvrage, et l'indépendance, et la sûreté de décision du jurisconsulte, et la charité généreuse du chrétien, dont la devise se devine partout, *parcere subjectis*, être humain aux vaincus, — et l'amour ardent pour la patrie du Français jaloux de perfectionner nos institutions, et par dessus tout la chaleur entraînante du cœur, qui fait éprouver cette sensation, la meilleure de toutes, celle que donne le commerce d'un homme de bien !

Nous aimons aussi dans le magistrat ce goût traditionnel des citations et des choses littéraires. Il existait autrefois sur les Fleurs de Lys, et on nous pardonnera d'en remettre en mémoire, et comme diversion à des spéculations si sérieuses, un bien curieux et bien vieil exemple. On a conservé et même imprimé vers 1610, le recueil de vers latins que les hommes les plus graves, des parlementaires entr'autres, firent, il y a près de trois siècles, aux Grands Jours de Poitiers. Il s'agissait d'un vilain insecte parasite égaré sur la gorge d'une belle dame, la célèbre Demoiselle Catherine des Roches. Pasquier, notre vieux Loisel lui-même, qui figurait à ces Grands Jours comme substitut du procureur général, ont leur pièce, *pulex pictonicus*, dans cette étrange *Guirlande!* On ne fait plus guère aujourd'hui de vers latins. Pourtant, M. le baron Guerrier de Dumast traduisait, il n'y a pas longtemps, des poèmes sanscrits en vers latins et français, sous le titre de Fleurs de l'Inde ; et il n'y a pas longtemps aussi qu'on a discrètement parlé de charmants hexamètres consacrés par M. Cauchy au récit de l'enlèvement de son petit-fils, le jeune Hua, par une jeune fille d'Orléans, Léonie Chéreau, que le jury de la Seine put acquitter. De nos jours, nos magistrats se délassent plutôt par la traduction d'auteurs anciens. M. Plougoulm avait choisi Démosthènes, d'autres mettent Martial en vers français, le plus grand nombre se donne à Horace : *hoc erat in votis : oui, c'était là mon rêve!* Et qui sait combien la dure loi des retraites a inspiré à des juges septuagénaires de versions de ce poète restées pieusement en portefeuille?

Bien que l'ouvrage de M. Auzies ne soit pas, à proprement parler, littéraire, cet amour des lettres, *humaniores litteræ*, donne à son style un charme de plus pour ceux que le présent n'absorbe pas, et qui ont encore un regard pour les choses passées. Que M. Auzies remette donc l'œuvre sur le chantier; car elle est loin d'être finie, comme il le dit lui-même. Il doit encore interroger la Statistique, l'infaillible Statistique et les législations des autres peuples. Alors, après l'analyse, viendront la synthèse, la partie critique et la conclusion. Elle sera, tout nous le fait pressentir, peu favorable au système en vigueur, qui paraît ne donner de satisfaction ni à la société qui l'applique, ni aux libérés qui le subissent. Mais, après avoir sondé le problème et montré les vices de l'état de choses actuel, le savant conseiller nous devra à son tour une solution, et c'est là le point délicat comme le plus important. Attendons cette seconde partie, qui nous est promise, et, puisque M. Auzies a commencé par Virgile, qu'il nous permette de l'imiter pour finir et de lui dire avec la déesse :

Tuque invade viam, vaginaque eripe ferrum ;
Nunc animis opus, Ænea, nunc pectore firmo.

« Et maintenant, Énée, pénètre dans la carrière, tire
» l'épée hors du fourreau ; c'est l'heure où il est besoin de
» courage et d'un cœur intrépide (1). »

(1) Nous n'avons pas besoin de faire remarquer combien les idées de M. Auzies ont pris faveur aujourd'hui. Ainsi, pour ne citer qu'un fait, le 23 mai 1870, un projet de loi vient d'être présenté portant abolition des décrets des 8-12 décembre 1851. C'est une raison nouvelle pour que M. Auzies se hâte d'achever son œuvre.

TABLE

Pages.

Avant-Propos. 3

Mémoire sur la répression pénale des fautes de l'enfance. 5

Rapport sur les concours ordinaires de l'Académie de législation. 29

Fête de Cujas de l'année 1869. 49

Etude sur l'ouvrage de M. Auzies, consacré à la surveillance de la haute police. 75

Toulouse. — Typographie de Bonnal et Gibrac, rue Saint-Rome, 44

www.ingramcontent.com/pod-product-compliance
Ingram Content Group UK Ltd.
Pitfield, Milton Keynes, MK11 3LW, UK
UKHW020933180726
13838UKWH00002B/917

9 782329 367507